HEYNE‹

W0014795

DAS BUCH

Auf seiner Suche nach Glück und innerem Frieden entdeckt Bao, der Panda, das Geheimnis der Gelassenheit. In vielen kleinen Episoden begegnet er anderen Tieren, die zu seinen spirituellen Lehrern werden. Durch sie lernt er, die Stürme des Lebens kommen und gehen zu lassen. Indem er das Wunder des Jetzt ergründet, wird sein Geist klar und sein Herz leicht.

Mit überraschenden Erkenntnissen und einfachen Anleitungen zu meditativen Übungen kann Baos Reise zu Glück und Gelassenheit ganz leicht zu unserer eigenen werden. Folgen wir also der Spur des Pandas ...

Ein charmantes Buch, das uns zeitlose Weisheit nahebringt, zum Schmunzeln anregt und wertvolle Impulse für das eigene Leben vermittelt.

DIE AUTOREN

Aljoscha Long und Ronald Schweppe sind international bekannte Bestsellerautoren, die ganzheitliche Lebenskunst auf leicht verständliche Art und Weise kompetent zu vermitteln verstehen. Aljoscha Long ist Psychologe, Therapeut und Kampfkunstlehrer, Ronald Schweppe ist Meditationslehrer und Orchestermusiker.

Aljoscha Long
Ronald Schweppe

Der Panda
und das Geheimnis der
Gelassenheit

Wie Sie achtsam und entspannt
durchs Leben kommen

WILHELM HEYNE VERLAG
MÜNCHEN

Sollte diese Publikation Links auf Webseiten Dritter enthalten, so übernehmen wir für deren Inhalte keine Haftung, da wir uns diese nicht zu eigen machen, sondern lediglich auf deren Stand zum Zeitpunkt der Erstveröffentlichung verweisen.

Verlagsgruppe Random House FSC® N001967

3. Auflage
Taschenbucherstausgabe 12/2017

Copyright © 2015 by Lotos Verlag, München, in der
Verlagsgruppe Random House GmbH,
Neumarkter Straße 28, 81673 München
Copyright © 2017 dieser Ausgabe by Wilhelm Heyne Verlag,
München, in der Verlagsgruppe Random House GmbH,
Neumarkter Straße 28, 81673 München
Alle Rechte sind vorbehalten. Printed in Germany.
Redaktion: Dr. Diane Zilliges
Einbandgestaltung: Guter Punkt, München unter Verwendung von Motiven:
Panda: © vip2807 / iStock / thinkstock
Ornament: © art.shcherbyna / shutterstock
Panda-Illustrationen: Markus Weber / Guter Punkt, München
Weitere Illustrationen: © istock / thinkstock
Satz: Guter Punkt, München
Druck und Bindung: GGP Media GmbH, Pößneck
ISBN 978-3-453-70340-7

www.heyne.de

Gleichmut bewahren in Hitze und Kälte, Vergnügen und Schmerz, Ehre und Schande, das ist das Zeichen der spirituell Vollkommenen. Körperliche, seelische und geistige Harmonie zu bewahren, wie schwer die Aufgabe auch sein mag, führt allein zu innerem Frieden und Heiterkeit.

Bhagavadgita

❀ Inhalt ❀

Innere Ruhe – Sehnsucht des Herzens	8
Bao und der Bambushain. Die Suche beginnt …	18
Dem Fluss folgen	30
Nicht kämpfen	44
Das Schwere loslassen	60
Das Herz leicht werden lassen	74
Atmen und lächeln	88
Geduld, Geduld	106

Die Stürme kommen und gehen lassen	128
Durch Mitgefühl das Herz befreien	140
Einen klaren Geist bewahren	158
Die Freude wecken	178
Gut genug für mich	194
Sich sammeln und die Stille entdecken	210
Zur Quelle zurückkehren	226
Das Jetzt feiern	244

Innere Ruhe – Sehnsucht des Herzens

Goethe schrieb einmal: »Zwei Seelen wohnen, ach! in meiner Brust ...« Zwei sind es mindestens. So gibt es zum Beispiel zwei entgegengesetzte Sehnsüchte in jedem von uns. Wir möchten etwas erleben, wir brauchen ein bisschen »Nervenkitzel«. Auf der anderen Seite wünschen wir uns aber auch inneren Frieden, Harmonie, Entspannung und tiefe, unaufgeregte Zufriedenheit – ein bisschen »Nervenbalsam«.

Diese beiden Sehnsüchte sind tief in uns verwurzelt – und das ist auch gut so: Denn jemand, der nie nach Anregungen sucht, wird sich nicht weiterentwickeln können. Und jemand, der nie inneren Frieden erlebt, brennt früher oder später aus. Beide Sehnsüchte sind Grundbedürfnisse: Wir brauchen in unserem Leben beides – sowohl Anregung als auch Ruhe, damit sich unser Geist harmonisch entfalten kann.

An Anregung fehlt es uns heute ja offensichtlich nicht. Im Gegenteil: Tag für Tag überflutet uns die Welt mit Informationen, Bildern, Geräuschen, Farben ...

Unsere Gesellschaft hat nicht gelernt, wann man besser wieder aufhört. Und so haben wir auch nicht gelernt, wann es an der Zeit ist, wieder innezuhalten und zur Ruhe zu kommen.

Es stimmt schon: Wir haben uns das Leben leichter gemacht und müssen nicht mehr unter Lebensgefahr oder im Schweiße unseres Angesichts um unsere Nahrung kämpfen. Wir haben es warm, sind satt, können alle nur denkbaren Sinnesfreuden erleben und diese zudem länger als je zuvor genießen, da unsere Lebenserwartung ständig steigt. Das alles wäre ja an sich ganz prima, wenn … tja, wenn Menschen nicht immer mehr wollten; und das wollen sie nun mal – selbst dann, wenn sie schon mehr als genug haben.

Durch unseren unstillbaren Appetit haben wir eine Welt erschaffen, die immer verrückter wird: Wir müssen nicht hungern, kämpfen aber gegen Übergewicht. Wir können uns über das Internet mit Menschen verbinden, die Tausende von Kilometern entfernt sind, fühlen uns aber oft hoffnungslos einsam und isoliert. Wir können auf Autobahnen eine frühere Tagesreise in einer Stunde bewältigen, verwenden aber mehr Zeit auf die Fahrt zur Arbeit als früher, wo man noch zu Fuß gehen musste. Wir haben viel Zeit, die nicht mit Nahrungssuche oder Arbeit ausgefüllt ist, aber das führt oft nur zu »Freizeitstress«, da wir einfach zu viel wollen oder nichts mit uns anzufangen wissen. Und als ob das nicht schon reichen würde, regen wir uns über uns selbst und den Zustand der Welt auch noch furchtbar auf, sind verunsichert oder verängstigt.

Unser Bedürfnis nach Anregung und »Nervenkitzel« haben wir uns gründlich erfüllt. So gründlich sogar, dass wir weit über das Ziel hinausgeschossen sind und kaum noch zur Ruhe kommen. Von allen Seiten stürmen aufregende Nachrichten auf uns ein; ständig werden wir aufgefordert, mehr und mehr zu konsumieren; wirkliche oder eingebildete Bedrohungen durch Fanatiker, Seuchen, Wirtschaftskrisen, Einwanderer oder Lebensmittelzusätze rauben uns den Schlaf.

Vor allem aber ist es immer wieder unsere eigene innere kritische Stimme, die unseren Frieden und unsere Gelassenheit zerstört. In den Köpfen der meisten geht es rund wie in einem außer Kontrolle geratenen Kettenkarussell: Gedanken und Gefühle rasen im Kreis herum; körperliche und geistige Spannungen verfestigen sich; Wut, Angst oder Niedergeschlagenheit machen sich breit.

Was wir auch probieren – es folgt einfach keine Entspannung mehr auf den Nervenkitzel. Manche denken sich immer verrücktere, lebensgefährliche Dinge aus, um sich den »Kick« zu verschaffen, der wenigstens für eine Weile für Ruhe im Kopf sorgt. Wer weniger risikofreudig ist, versucht, sein verloren gegangenes Gleichgewicht durch Konsum, Drogen, Arbeitswut, Fernreisen oder mediale Unterhaltung wiederherzustellen ... was aber noch schlechter funktioniert als die Methoden der Extremsportler und Abenteuerfreaks.

So bedauerlich der Zustand ist, in dem wir uns befinden, ausweglos ist er nicht. Klar, wir brauchen Anregung, aber das muss ja deshalb keine Aufregung sein. Auch wenn es uns guttut, unsere Gefühle zu leben, müssen wir doch nicht zulassen, dass unsere Gefühle uns leben und wir zum Spielball unvermittelt auftauchender Emotionen und Stimmungen werden.

Die Übererregung lässt viele Menschen weder körperlich noch seelisch Ruhe finden. Selbst in äußerlich ruhigen Zeiten bleiben sie innerlich unruhig. Sie müssen sich ständig kontrollieren – und verlieren doch spätestens dann die Kontrolle, wenn das Fass wieder einmal überzulaufen droht.

Kommt dir das alles bekannt vor? Das ist sehr wahrscheinlich. Und dann würde sich natürlich die Frage aufdrängen, wie um alles in der Welt du wieder aus diesem durchgedrehten Karussell herauskommen kannst.

Glücklicherweise gibt es einen »Ausstieg« – einen Weg, der es dir jederzeit ermöglicht, innerlich wieder zur Ruhe zu kommen, wenn du es wirklich willst. Es ist der Weg der Gelassenheit.

Gelassenheit ist ein Zustand des inneren Gleichgewichts. Sie ist an sich weder Anspannung noch Entspannung, sondern eine Art und Weise, die Welt wahrzunehmen und auf Ereignisse zu reagieren – aber eben so, dass die innere Balance dabei immer erhalten bleibt.

Wärst du auch gern etwas gelassener? Bestimmt, denn Gelassenheit fühlt sich einfach gut an. Ja, mehr noch: Gelassenheit ist ein überaus beglückender Zustand, in dem du dich wach und selbstbewusst und zugleich entspannt und zufrieden fühlst.

Auch wenn wohl jeder von uns gern gelassen wäre, so sind es doch nur die wenigsten. Woran liegt das? Ist Gelassenheit denn so schwer zu erreichen? Oder ist sie angeboren und nur eine Frage des Schicksals?

Vielleicht ist die Fähigkeit, Gelassenheit *schnell* erlernen zu können, tatsächlich zum Teil angeboren. Doch die Gelassenheit selbst ist es ganz bestimmt nicht. Und dass es schwer wäre, gelassener zu werden, stimmt auch nicht. Im Gegenteil: An sich ist es sogar viel einfacher und energiesparender, gelassen zu bleiben, als bei jedem »reizenden« Anlass gleich aus der Haut zu fahren.

Das Einzige, was es so schwierig macht, auch in heiklen Lagen gelassen zu bleiben, sind unsere Gewohnheiten. Wenn wir unser Leben lang »ungelassene« Reaktionen eingeübt haben, kommen sie uns inzwischen ganz natürlich vor.

Doch ist Stress wirklich so natürlich? Ist es natürlich, wütend zu werden, wenn uns jemand beleidigt, uns ständig über irgendwelche Dinge aufzuregen, uns tagein, tagaus Sorgen zu machen, uns minderwertig zu fühlen oder zu Tode betrübt zu sein, wenn wir etwas oder gar jemanden verlieren? Nein – das ist es durchaus nicht. Unsere Reaktionen sind weitgehend erlernt, und deshalb können wir sie auch wieder verändern, wenn wir das wollen.

Aber wie sieht die Lösung nun konkret aus? Könnten wir uns beispielsweise nicht einfach sofort dazu entscheiden, gelassen zu sein, und von Stund an wie ein Heiliger handeln? Wie du wahrscheinlich schon gemerkt hast, klappt das leider nicht: Gefühle steigen auf und überwältigen uns. Und daher tun wir immer wieder Dinge, die wir »eigentlich« gar nicht tun wollten. Wir wollen gelassen sein, doch unsere Gefühle lassen uns nicht. Wäre es dann nicht eine gute Idee, weniger fühlen zu wollen? Bloß nicht! Du wirst weder gelassen noch zufriedener werden, wenn du dich in einen Roboter verwandelst. Glücklicherweise gibt es eine viel menschlichere und effektivere Methode: Übe es doch einfach, gelassen zu sein!

Gelassenheit üben – das geht tatsächlich und ist auch gar nicht schwer, denn es ist kein anstrengendes Üben. Ganz im Gegenteil. In diesem Buch wirst du Bao, den Panda, kennenlernen. Auf seiner Reise durch die Wildnis sucht er nämlich genau nach dem, wonach du wahrscheinlich auch suchst: nach dem Geheimnis der Gelassenheit.

Was du von Bao lernen kannst

Bao ist ein Suchender. Er sucht nach innerem Frieden und Gelassenheit. Und glücklicherweise schreibt er seine Einsichten auch auf und teilt sie mit uns.

Du kannst Bao in diesem Buch auf seiner Reise zum Geheimnis der Gelassenheit begleiten. Dabei wirst du sicher einiges entdecken, was dir weiterhelfen kann. Da jeder von uns jedoch sein eigenes Geheimnis hat, musst du letztlich deinen eigenen Weg finden. Bao wird seine Einsichten mit dir teilen – und sehr wahrscheinlich wirst du dadurch neue Erkenntnisse gewinnen, das ein oder andere Aha-Erlebnis haben und Wege finden, deinen Blickwinkel zu verändern, um von »Stress« auf »Gelassenheit« umzuschalten.

Auch wenn es viele Methoden, Übungen und Meditationen gibt, um dem Geheimnis der Gelassenheit mit kleinen Schritten immer näher zu kommen, eignet sich doch nicht jede für jeden. Finde daher selbst heraus, was du gerade brauchst, denn schließlich weiß das niemand so gut wie du. Du spürst es am eigenen Leib und im eigenen Herzen. Probier verschiedene Möglichkeiten aus, und öffne dich für neue Impulse. Auf diese Weise wird Baos Reise zur Gelassenheit zu deiner ganz eigenen Reise werden, an deren Ziel ein neues, entspannteres Lebensgefühl auf dich wartet.

Vom Nutzen der Gelassenheit

Es sträubt sich ein wenig die Feder, Gelassenheit mit Nutzen in Verbindung zu bringen. Denn das ähnelt der Frage: Was nützt es mir, glücklich zu sein? Ebenso wie Glück gehört Gelassenheit zu den wenigen Dingen, die ihren »Nutzen« bereits in sich tragen. Nun, das ist dann vielleicht auch schon der erste Nutzen: Du musst dir über die vielen Vorteile der Gelassenheit keinerlei Gedanken machen, die wirst du nämlich sehr schnell selbst erfahren.

Dennoch ist es motivierend, wenn du dir ein paar der wichtigsten Vorzüge der Gelassenheit einmal vor Augen führst. Sie verwandelt dein ganzes Leben: deinen Alltag, deinen Beruf und deinen Erfolg, dein Liebesleben, deine Gesundheit und nicht zuletzt deine Zufriedenheit mit dem Leben, dir selbst und der Welt.

Wer gelassen ist ...
* fühlt sich wohler,
* hat eine bessere Ausstrahlung,
* behält leichter die Übersicht,
* findet schneller Lösungen,
* kann Krisen eher bewältigen,
* ist bei dem, was er tut, erfolgreicher,
* ist gesünder und entspannter,
* trifft intelligentere Entscheidungen,

- ✻ lächelt häufiger,
- ✻ versteht seine Mitmenschen und sich selbst besser,
- ✻ führt wärmere, liebevollere Beziehungen,
- ✻ hilft auch seinen Kindern, Gelassenheit zu lernen,
- ✻ verliert nutzlose Ängste,
- ✻ ist freundlicher zu sich und kommt mit sich selbst gut zurecht.

Diese Liste könnten wir noch eine ganze Weile weiterführen. Doch das sollte erst einmal reichen.

Gelassen leben führt zu Lebensfreude und Zufriedenheit.
Gelassen reagieren führt zu Stressreduktion, Entspannung und Glücksgefühlen.
Gelassen wahrnehmen führt zu Selbsterkenntnis und Verständnis für andere.
Gelassen entscheiden, planen und handeln führt zu Erfolg und Gelingen.
Gelassen lieben verbessert jede Beziehung.

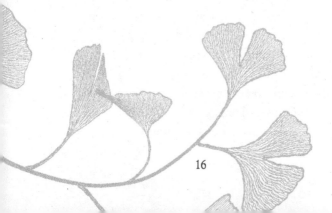

Mut zur Gelassenheit

Gelassenheit ist eine der ganz wenigen Verhaltens-, Denk- und Gefühlsweisen, die keinerlei unerwünschte Nebenwirkungen haben. Selbst an sich so gute Eigenschaften wie Vertrauen, Hilfsbereitschaft oder Entschlossenheit können mitunter problematische Folgen haben. Doch was die Gelassenheit betrifft, so gibt es hier tatsächlich weder Pferdefuß noch Schattenseite. Gelassen zu sein ist immer und ausschließlich hilfreich.

Um einem häufigen Missverständnis vorzubeugen: Gelassenheit heißt keinesfalls, dass wir unsere Gefühle unterdrücken sollten. Im Gegenteil: Nur wenn wir gelassen in uns selbst ruhen, können wir unsere Gefühle wirklich zulassen und unsere Bedürfnisse frei und unbeschwert äußern. Und natürlich darf Gelassenheit auch nicht mit Stumpfheit oder Apathie verwechselt werden. Vielmehr können wir erst dann wirklich sehen, hören und verstehen, wenn in unserem Inneren Frieden herrscht.

Und wie ist es mit dem Üben von Gelassenheit? Ist Üben nicht anstrengend oder langweilig? Keine Sorge – Gelassenheit zu üben ist sehr viel einfacher, interessanter und befriedigender als nicht zu üben und weiterhin immer wieder gestresst oder genervt zu reagieren. Methoden, die deine Gelassenheit entwickeln, führen dich in deine Mitte zurück – und das fühlt sich einfach gut an: jetzt, immer und in jedem Augenblick! Doch sehen wir einmal, wie es Bao auf seiner langen Reise ergeht, die ihn zum Geheimnis der Gelassenheit führen wird.

Bao und der Bambushain.
Die Suche beginnt …

Im abgelegenen Bambushain im friedlichen Tal des großen Mangobaumes, tief in den Bergen, nahe des Flusses, der die tiefen schattenreichen Schluchten in die Felsen schnitt, lebte Bao, der Panda, inmitten seiner Familie und seiner Verwandten. Reisende, die durch das Tal kamen, glaubten oft, das Paradies gefunden zu haben. Nun, vielleicht war es das ja auch: Es gab genug zu essen, große Gefahren lauerten nicht, und zudem kamen alle einigermaßen gut miteinander aus. Und das ist ja schon mehr, als man für gewöhnlich erwarten kann.

Doch leider – ganz so friedlich, wie es auf den ersten Blick scheinen mochte, war es im Bambushain dann doch wieder nicht. Denn natürlich haben Pandas Gefühle wie alle anderen Wesen auch. Sie ärgern sich dann und wann, werden wütend, manchmal ganz traurig und missgestimmt, und sie sind meist ziemlich ängstlich. Zwar liegt es nicht in ihrer Natur, große Gesten und lautes Geschrei zu machen – dafür genügt es ihnen, kurz mit dem Ohr zu zucken, den Mund zu verziehen oder den Blick abzuwenden, um den anderen ihren Missmut zu zeigen.

Auch wenn Pandas sich äußerlich vielleicht gleichen mögen wie ein Ei dem anderen – innerlich unterscheiden sie sich doch sehr. Das galt natürlich auch für die Mitglieder des Klans, in dem Bao lebte. Und besonders eigen war Bao selbst.

Niemand wusste, warum gerade Bao so war, wie er war – so »anders« ... Er war schließlich genauso aufgewachsen wie seine Geschwister und Cousins. Er hatte dasselbe gegessen und dieselben Spiele gespielt. Aber schon früh hatte sich gezeigt, dass

Bao sehr unbeherrscht war. Er wurde furchtbar wütend, wenn er bei einem Spiel verlor, und brüllte herum. Er weinte oft, wenn man ihn wegen seiner Unbeherrschtheit tadelte. Er weinte auch, wenn er einen toten Käfer fand, weinte, wenn die Sonne nicht schien und er nicht spielen konnte. Und auch in seiner Ängstlichkeit übertraf er alle anderen um Bärennasenlänge. So fürchtete er sich davor, dass der Mond vom Himmel fallen könnte, dass die Sonne morgens nicht aufgehen würde, dass der Fluss das Tal überschwemmen könnte ... Genau genommen war Bao weniger ein Bär als vielmehr ein richtiger Angsthase.

Wie nicht anders zu erwarten, war Bao kein Lieblingskind, -enkel oder -neffe. Meist schimpften die Erwachsenen mit ihm. Natürlich auf Pandaart, indem sie mit den Ohren zuckten. Und dann weinte Bao, wurde wütend oder hatte Angst, dass ihn keiner mochte.

Als Bao größer wurde, veränderte sich nicht viel: Er weinte zwar nicht mehr ganz so unbeherrscht, zitterte nicht gleich, wenn die Sonne unterging, und schrie nicht mehr so laut herum, wenn er sich ärgerte. Und doch nannten ihn die anderen nur »Bao Bibberbrüll« – allerdings nur, wenn er es nicht hörte.

Neben Bao gab es noch einen weiteren Panda, der anders als die anderen und sehr besonders war – und das war Baos Großvater Lao-Lao. Lao-Lao wohnte etwas abseits in einer kleinen Höhle. Er war genau das Gegenteil von Bao: Er war immer ruhig, immer heiter, hatte immer einen guten Rat für jeden, der ein Problem hatte. Während Bao der wohl unbeliebteste Panda war, war Lao-Lao der, den alle mochten. Auch Bao liebte seinen

Großvater. Ja, Großvater war genau genommen sogar der Einzige, den er so richtig gern hatte und bei dem er sich von Kopf bis Tatze wohlfühlte. Da Lao-Lao von allen gemocht wurde, war das ja an sich nicht überraschend. Überraschend war jedoch, dass auch Großvater seinen Bao besonders ins Herz geschlossen hatte – von all den vielen Enkeln, die er hatte, war ihm Bao mit Abstand der liebste.

Ganz gleich, wie oft Bao wütend, ängstlich oder traurig wurde – das Lächeln und das Mitgefühl seines Großvaters waren grenzenlos. Er schien Bao wirklich zu verstehen, und Bao wurde ruhiger, wann immer er mit seinem Großvater zusammen war. Er schaute zu ihm auf und bewunderte ihn; Lao-Lao war sein großes Vorbild. Und Großvater versuchte, ihm dann und wann einen guten Rat zu geben, wie er ruhiger und gelassener werden könne. »Gelassenheit, mein lieber Bao, ist das Allerallerwichtigste. Bist du gelassen, kommt alles Gute wie von selbst.« Bao hörte zu und nickte, denn er spürte, wie wichtig die Worte seines Großvaters waren – doch kurz darauf hatte er sie schon wieder vergessen und war so unbeherrscht wie eh und je.

Der große Sturm

Bao wuchs und wuchs und war nun schon beinahe erwachsen. Das ließ ihn ein wenig beherrschter werden, aber im Grund machte er seinem Spitznamen »Bao Bibberbrüll« noch immer alle Ehre: Er regte sich schnell auf, war nervöser und ängstlicher als die anderen und verfiel immer wieder düsteren Gedanken, die ihn todtraurig machten. Und so hätte es wohl Jahr um Jahr weitergehen können: Bao wäre älter und möglicherweise sogar ein klein wenig ruhiger geworden, aber viel hätte sich im Tal des großen Mangobaumes nicht verändert.

Wenn nicht …

Eines Abends, Bao hatte wieder einmal mit seinen Eltern um irgendeine Belanglosigkeit gestritten, hatte er sich erst aufgeregt und sich dann schuldig gefühlt, weil er sich aufgeregt hatte. Mittlerweile hatte er gelernt, dass es besser war, wenn er seine Gefühlsausbrüche nicht vor allen anderen auslebte, und so zog er sich in sein Geheimversteck zurück. Seit Jahren diente ihm der umgestürzte, hohle Baum hinter dem großen Felsen nahe der Schlucht als Rückzugsort, an dem er nachdenken, seinen Groll abkühlen lassen oder auch still in sich hineinweinen konnte, ohne dass ihn jemand dabei beobachten konnte. Er verschloss das Eingangsloch mit einem großen Blatt und rollte sich zusammen, voller Selbstmitleid und Wut auf sich und die anderen. Angst hatte er gerade keine. Und das war seltsam, denn ausnahmsweise hätte er diesmal durchaus guten Grund dafür gehabt.

Schon am Nachmittag hatten sich dunkle, bedrohliche Wolken vor die Sonne geschoben. Eine seltsam drückende Schwüle lag auf dem Bambushain. Als es dunkel wurde, begann ein starker Wind zu wehen. Er wurde stärker, wurde zum Sturm, wurde zum Orkan. Und dann begann es zu regnen, wie es seit Pandagedenken nicht mehr geregnet hatte.

Bao in seinem Versteck merkte davon zunächst nichts. Er war eingeschlafen und träumte von wilden Geistern, die ihn heulend jagten. Schließlich erwachte er und stellte mit Entsetzen fest, dass das Heulen weiterging. Er griff sich Moos und Blätter und verschloss den Eingang zu seinem Versteck noch fester. Allmählich ließ das Heulen nach und wurde durch ein Brausen wie von einem Wasserfall abgelöst. Und dann begann sich sein ganzes Versteck zu bewegen und zu beben. Alles drehte sich. Unten wurde oben, immer im Kreis ging es, Bao wurde hin und her geschleudert, bis ihm Hören und Sehen verging und ihm schließlich alle Sinne schwanden.

Die Verwirrung

Als Bao erwachte, glaubte er zunächst, geträumt zu haben – doch ihm taten alle Knochen weh und sein Versteck war voller Wasser. Er saß im Nassen und fröstelte. Er drückte die Blätter, mit denen er seine Baumhöhle verschlossen hatte, zur Seite, kroch heraus und blinzelte in die Sonne, die schon hoch am blauen, wolkenlosen Himmel stand.

Bao sah sich um und wurde mit jedem Augenblick verwirrter.
Alles sah so anders aus. Wo war der Bambushain? Wo war der
Felsen, hinter dem sein hohler Baum immer gelegen hatte? Und
wo waren die anderen – seine Eltern, die Geschwister und all
seine Verwandten?

Er glaubte, dass er wohl träumen musste. Ein schrecklicher
Albtraum. Oder doch nicht? Er rieb sich die Augen, öffnete sie
wieder und sah sich um. Warum bloß wachte er nicht auf? Eine
Welle der Angst überflutete ihn. Was war nur geschehen? Hatten
Geister ihn entführt? War er gestorben und nun in einer Zwi-
schenwelt gelandet?

Bao zitterte am ganzen Leib. Unruhig rannte er hin und her,
konnte keinen klaren Gedanken fassen, wimmerte vor Angst,
verkroch sich unter einen Busch und rollte sich zusammen. Doch
schon kurz darauf sprang er wieder auf, rief um Hilfe und raufte
sich die Haare. Schließlich erfasste ihn die blanke Wut. Er tob-
te, riss Blätter von den Büschen, rüttelte an kleinen Bäumen,
prügelte mit Stöcken, die er abgebrochen hatte, gegen Felsen und
schrie seine Verzweiflung heraus.

Ein Schwarm Krähen flog auf und lachte. Er warf mit Steinen
nach ihnen, und sie flogen krächzend davon.

Bao sank erschöpft zu Boden. Alles Schreien, Weinen und To-
ben hatte nichts gebracht. Das hier war kein Traum – das hatte
Bao längst begriffen. Er starrte stumpf vor sich hin. Dicke Tränen liefen aus seinen Augen, und schließlich umfing ihn gnädig
der Schlaf.

Der Traum

Bao träumte von seinem Großvater. Riesengroß saß er auf einem hohen Felsen und sah Bao mitleidig an. Bao rief ihm zu, dass er ihm doch helfen solle. Lao-Lao winkte ihn zu sich auf den Felsen hinauf. Doch wie sollte er da nur hochkommen?

Bao wurde ärgerlich, wurde wütend, schimpfte auf seinen Großvater und weinte gleich darauf, weil er einfach nicht weiterkam. Sein Großvater aber saß nur da und lächelte ihn an – sein Blick war voller Mitgefühl und strahlte tief und warm in Baos Herz.

Allmählich wurde Bao ruhiger. Und da sah er, dass Kerben in dem Felsen waren, die fast wie eine Leiter nach oben führten. Es war ganz einfach, zu Großvater hinaufzusteigen. Eilig kletterte Bao hinauf. Doch als er oben angelangt war, sah er seinen Großvater auf einem noch sehr viel höheren Felsen sitzen.

Er schlug die Hände vor die Augen und wusste nicht mehr, ob er traurig oder wütend war. Schon raubte ihm die Verzweiflung die Luft, da hörte er die Stimme seines Großvaters wie aus weiter Ferne rufen. Er nahm die Hände von den Augen und sah, wie Lao-Lao immer größer und strahlender wurde. Großvater sprach und seine Stimme schien von überall herzukommen – kaum mehr als ein Raunen, doch auch ganz nah bei ihm.

»Such nach dem Geheimnis der Gelassenheit, Bao – dann findest du auch alles andere …«

»Was bedeutet das, Großvater?«, rief Bao. Doch Lao-Laos Form löste sich mehr und mehr auf; er wurde durchsichtig und verwandelte sich schließlich in eine Nebelwolke.

»Such nach dem Geheimnis der Gelassenheit – dann findest du auch alles andere …«, sprach Großvater noch einmal. Und dann war er ganz verschwunden.

Bao wusste nicht, was er tun sollte. Er fühlte, dass Großvater ihm etwas Wichtiges gesagt hatte. »Such nach dem Geheimnis der Gelassenheit – dann findest du auch alles andere ...« Aber was bedeutete das nur? Was war das für ein Geheimnis? Und wo sollte er die Suche denn überhaupt beginnen?

Bao stand auf, und seine Augen waren voller Tränen. Er stolperte und fiel ... und fiel ... und wachte schließlich auf.

Die Einsicht

Bao erwachte, doch der Traum war noch so klar und nah, als könnte er ihn greifen. Er trocknete seine Tränen und begriff, dass es so nicht weiterging. Wut, Hoffnungslosigkeit und Angst tobten in ihm, doch Großvaters Stimme hallte aus seinem Traum nach: »Such das Geheimnis der Gelassenheit – dann findest du auch alles andere ...«

Bao dachte lange über diesen Satz nach. Das Geheimnis der Gelassenheit? Ja, das klang gut. Aber was für ein Geheimnis konnte das wohl sein? Wo sollte er suchen? Was würde er finden? »Alles andere ...« – waren damit vielleicht sogar seine Familie und seine Heimat gemeint? So lange er auch nachsann – er fand keine Antwort.

Beinahe wollte er wieder verzweifeln, doch dann begriff er, dass er wohl am besten erst einmal genau das tat, was Großvater gesagt hatte. Er musste sich auf die Suche begeben.

Also beschloss Bao, sich auf den Weg zu machen. Was konnte er schließlich auch sonst tun? Er macht sich natürlich Sorgen, was alles auf seiner Suche passieren könnte. Er fürchtete, dass er sich verlaufen könnte, ärgerte sich, dass die anderen nicht nach ihm suchten, weinte über seine Einsamkeit.

Doch die mahnende Stimme seines Großvaters klang in ihm nach: »Such das Geheimnis der Gelassenheit ...«

»Ja, ich muss mich endlich auf den Weg machen!« Und so begann Bao seine Suche.

Der Entschluss

Bao marschierte los. Zweifel und Ängste machten ihm die Beine zunächst schwer – denn er wusste ja nicht einmal, welche Richtung er einschlagen sollte. Doch mit jedem Schritt fielen schlechte Gedanken und Gefühle ein wenig von ihm ab. Mit jedem Schritt wurde er ein wenig zuversichtlicher, fühlte sich ein wenig leichter. Und er erkannte: »Wenn ich weiß, dass ich auf ein Ziel zugehe, kehrt Ruhe ein.«

Hatte Großvater nicht irgendwann einmal genau das zu ihm gesagt?

Auf Baos Gesicht erschien ein kleines Lächeln. »Ja, ich bin den ersten Schritt zum Geheimnis der Gelassenheit gegangen, weil ich überhaupt schon einmal losgegangen bin!«, dachte er sich.

Bao rupfte ein paar große Blätter von einem Baum, die besonders lecker aussahen. Er wollte sie sich schon in den Mund stopfen, doch dann hielt er inne. Er hielt ein Blatt vor sich und *sein Blick fiel auf seine Maserung, die fast wie eine feine Schrift aussah. Und plötzlich hatte er eine Eingebung: Er würde alle Einsichten, die ihn zur Gelassenheit führten, festhalten, indem er sie aufschrieb. Wenn er schon auf der Suche nach dem Geheimnis der Gelassenheit war, dann wollte er auch ein Meister der Gelassenheit werden!*

Mit einem Mal fühlte sich Bao ganz übermütig und voller Tatendrang. Er suchte ein paar dunkle Beeren, presste sie zu Brei und brach ein Ästchen ab. Er tunkte die Astspitze in die rote Paste und schrieb auf das erste Blatt:

Baos Bambusblattbibliothek

Wie weit dein Ziel auch ist, du musst den ersten Schritt tun.

Gelassenheit zu suchen bringt dich der Gelassenheit bereits näher.

Vier heilsame Wahrheiten

* Jede Aufregung, jeder Ärger, jede Wut bringt Unfrieden in die Welt.
* Unfrieden entsteht, wenn das Gemüt in Unruhe gerät, weil die Welt anders ist, als wir sie uns wünschen.
* Zu innerem und äußerem Frieden gelangt man nur durch Gelassenheit.
* Es gibt viele Wege zur Gelassenheit – und alle beginnen im Jetzt!

Dem Fluss folgen

Am ersten Tag seiner Reise war Bao noch voller Freude darüber, dass er nun auf dem Weg zum großen Geheimnis der Gelassenheit war. Tatsächlich hatte er in seinem ganzen Leben noch nie so eine innere Ruhe erfahren. Doch als der Tag sich dem Ende zuneigte, breiteten sich Trauer und Verwirrung erneut wie dunkle Wolken in seinem Geist aus. Er setzte sich ans Ufer eines Flusses, den er überqueren wollte, und spürte, wie Unruhe in ihm aufstieg. »Nein«, ermahnte er sich innerlich. »Ich werde mich jetzt nicht wieder aufregen. Denn jede Aufregung bringt nur Unfrieden.«

Und indem er dies sprach, hörte er den Fluss wispern, beinahe, als würde er zu Bao sprechen – aber Bao verstand das Raunen des Flusses noch nicht. Tief in seinem Herzen spürte er, dass der Fluss eine wichtige Botschaft für ihn hatte. Er lauschte lange angestrengt, doch es half nichts. Frustriert schlug er mit der Tatze auf das Wasser. Der Fluss blieb unbeeindruckt.

Dafür erschien auf einmal ein struppiger Kopf über der Wasseroberfläche. Yuke, der Otter, lächelte Bao an. »Das Wasser kannst du nicht schlagen, Bärchen!«, lachte Yuke.

Dass man ihn »Bärchen« nannte, konnte Bao gar nicht leiden, und er wollte schon aufbrausen, als Yuke elegant an Land glitt und sprach: »Du siehst aus, als wärst du auf der Suche. Vielleicht kann ich dir ja helfen?«

»Ja, vielleicht«, antwortete Bao. »Ich bin auf der Suche nach dem Geheimnis der Gelassenheit!« Er ließ den Kopf hängen. »Aber ich weiß leider nicht, wo ich suchen muss. Mein Großvater hat mir nicht gesagt, wohin ich gehen soll.«

Yuke sah ihn neugierig an. »Dann vertraue doch einfach dem Leben! Ich glaube, das bringt dich dem Geheimnis schon näher ...«

Wir alle sehnen uns nach mehr Ruhe und Gelassenheit. Doch wenn du nach Gelassenheit suchst, geht es dir vielleicht genau wie Bao: Du weißt einfach nicht, wo du anfangen sollst.

Mit der Gelassenheit ist es ja so eine Sache – wenn du dich aufregst, wütend wirst, nervös, verzweifelt oder voller Angst bist, so bist du in diesen Augenblicken schon einmal nicht gelassen. Und dann fragst du dich wahrscheinlich genauso wie Bao: Wohin soll ich mich wenden? Wut oder Angst sind ja keine Orte, denen du einfach so den Rücken zukehren kannst. Und eine Landkarte gibt es leider erst recht nicht.

Kennst du das auch, dass du dich darüber ärgerst oder traurig bist, nicht gelassener zu sein? Und dass du keine Ahnung hast, wo du die Gelassenheit gerade dann, wenn du sie am dringendsten bräuchtest, finden kannst?

Stopp! Jedes Mal, wenn du dich darüber ärgerst, dass du nicht gelassen auf manche Dinge reagierst, ist das wie ein großes Hinweisschild: »Achtung! Anhalten! Hier nicht in den Abgrund springen!« Sich aufzuregen ist manchmal unvermeidlich; sich jedoch auch noch darüber aufzuregen, dass du dich aufregst, ist wirklich völlig unnötig.

Wahrscheinlich gelingt es dir bisher noch nicht, in aufwühlenden Stresssituationen einen kühlen Kopf zu bewahren – und das ist ja auch kein Wunder, denn Gelassenheit fällt schließlich nicht vom Himmel. Zwischendurch gibt es jedoch bestimmt immer wieder einmal Momente, in denen du ein klein wenig Ruhe hast. Und genau diese Augenblicke kannst du nutzen, um dein Vertrauen zu stärken. Du kannst ruhig darauf vertrauen, dass du das Geheimnis der Gelassenheit früher oder später ergründen wirst, denn so schwierig, wie es vielleicht scheint, ist die Sache nicht. Und immerhin hat deine Suche dich ja zu diesem Buch geführt, das dir bei deiner Reise helfen kann.

Ist es nur ein Zufall, dass dir das Buch in die Hände gefallen ist? Möglich. Vieles im Leben ist vielleicht tatsächlich Zufall – doch manches scheint auch nur so. Wenn es dir gelingt, den vielen Zufällen, die dir das Leben bringt, mehr zu vertrauen, kannst du augenblicklich bereits eine ganze Menge von dem Stress auflösen, der dir deine Gelassenheit raubt.

»Den Zufällen vertrauen, die dir das Leben bringt« – wie soll das gehen? Vielleicht zeigt das die folgende kleine Geschichte: David hat einen wichtigen Termin. Im Hotel Apollo um 15 Uhr. Und jetzt ist es schon kurz vor drei. Bei David kommt Stress auf. Der Termin ist wirklich wichtig; David trifft einen möglichen Arbeitgeber. Es wäre zwar nicht der Traumjob – aber besser als nichts. Zu spät zu kommen würde jedenfalls keinen guten Eindruck machen. Er versucht, sich mit »Gedankenkraft« einen freien Parkplatz vor dem Hotel zu wünschen. Doch verflixt – das mit dem kosmischen Bestellservice klappt schon wieder nicht. Wohin er auch schaut, überall stehen dicht an dicht Autos geparkt. David bekommt Kopfschmerzen, flucht laut und ihm bricht der Schweiß aus. Da erinnert er sich an etwas, was er gelesen hat: »Es ist gut, dem Leben zu vertrauen.« Na gut, denkt er sich – jetzt ist es auch schon egal. Er beruhigt sich ein wenig und fährt weiter. Nach ein paar Minuten, es ist schon kurz nach drei, findet er endlich einen Parkplatz; ganz schön weit vom Treffpunkt entfernt. Es hilft ja nichts, sagt er sich und steigt aus.

Als er ein paar Meter gegangen ist, hört er jemanden rufen: »David?« Leicht genervt dreht er sich um – so was! Sein alter Kumpel Kim, den er seit Jahren nicht gesehen hat!

Kim begleitet ihn und es stellt sich heraus, dass er inzwischen eine sehr erfolgreiche Firma hat – und genau jemanden wie David für sein Team sucht. Sie sind sich sofort einig. David ruft im Hotel an und sagt seinen Termin ab.

Erst abends denkt er sich: Was wäre wohl gewesen, wenn alles so gelaufen wäre, wie ich es geplant und gewünscht hatte – wenn ich früher dran gewesen und meinen Parkplatz direkt vor dem Hotel bekommen hätte?

Das Leben steckt voller verrückter Überraschungen. Wir wissen nie so genau, was kommt. Wenn die Dinge nicht so laufen, wie wir es uns vorstellen, ist es das Letzte, was uns nützt, unsere Gelassenheit zu verlieren. Viel sinnvoller ist es dann, einfach das Leben entscheiden zu lassen. Wer sagt denn überhaupt, dass es wirklich zu unserem Nutzen wäre, ständig die Kontrolle zu bewahren?

Wenn wir den Gedanken, das Leben entscheiden zu lassen, in uns als Gewohnheit pflegen, werden wir Unvorhergesehenem schon sehr viel gelassener begegnen können. Und manchmal sind die unvorhergesehenen Zufälle genau das, was wir brauchen!

Wann immer also etwas geschieht, das du so nicht geplant hast – und das wird ziemlich oft passieren, du hast also viele Übungsmöglichkeiten –, hast du die Wahl: Du kannst dich entweder darüber aufregen, dass es nicht nach deinem Willen geht – oder du öffnest dich und freust dich auf die Überraschung, die das Leben für dich bereithält.

Unsere Willenskraft kann zu einem wahren Quälgeist werden und uns viele Probleme machen: Ständig drängt sie uns dazu, Dinge zu tun, die uns stressen. Manchmal ist das ja auch sinnvoll: Wenn du zum Beispiel nicht gerade einen Heidenspaß am Tellerwaschen hast, musst du dich wohl oder übel zum Abwasch quälen. Die Qual entsteht, weil sich etwas deinem Willen entgegenstellt – ob von außen oder innen. Solange es einzig in deinen Händen liegt, ob du dein Ziel erreichst oder nicht, kann dein Wille dich gut motivieren (wenn auch lange nicht so gut wie Freude!).

Doch sobald etwas Unvorhergesehenes geschieht, ist es Zeit, den Willen aufzugeben. Was du sowieso nicht ändern kannst, solltest du nicht dazu verwenden, dich selbst unter Spannung zu setzen. Und übrigens: Wenn einige Dinge mal nicht nach deinem Kopf gehen, brauchst du dir den Kopf über diese Dinge auch nicht zu zerbrechen, was sehr entspannend sein kann …

Bao sah Yuke mit großen Augen an. »Vertraue einfach dem Leben«, *hatte der Otter gesagt. Das brachte etwas in Bao zum Klingen.* »Ja ... vielleicht sollte ich das tun. Aber ich weiß einfach nicht, wie ich damit anfangen soll. Ich muss mir einen Plan machen.«

Yuke, der Baos Gedanken erraten zu haben schien, lachte. »Ach, junger Panda, die Suche nach einem Geheimnis planen – ich glaube, dass dich dein Plan überall hinführt, nur nicht dorthin, woran du nicht denkst. Und Geheimnisse sind nun mal geheim.«

Bao spürte, wie das alte Gefühl der Wut in ihm aufstieg. »Ja, ein toller Rat! Was soll ich denn sonst machen?«

Yuke schüttelte den Kopf und lächelte. »Vertraue dem Leben – sei mal planlos und folge deiner Natur.«

»Wie meinst du das?« *Bao schämte sich ein wenig für sein Aufbrausen.* »Meiner Natur folgen? Was bedeutet das?«

»Geh dorthin, wohin es dich zieht. Das Wasser fließt immer zum Meer – es muss keine Pläne machen, sich nicht bemühen, nicht nachdenken. Es folgt einfach seinem natürlichen Weg!«

Wenn du deiner Natur, also deinem inneren Wesen oder mit anderen Worten deinem Herzen folgst und dich von deinen Widerständen befreist, wird alles ganz einfach. Dann brauchst du nicht darüber nachzudenken, was du machen solltest – es wird dich genau an den richtigen Ort ziehen.

Für den Alltag klingt das vielleicht ein wenig zu theoretisch – oder esoterisch. Doch das täuscht. Es ist nämlich ganz praktisch anwendbar und auch vollkommen logisch:

Wann immer du beim Handeln sehr strengen Vorgaben folgst, wird es stressig; dann genügt nämlich schon eine Kleinigkeit, die sich deinem Weg, den du im Kopf hast, entgegenstellt, um dich aus dem Gleichgewicht zu bringen.

Versuch einmal, dir das am Beispiel einer Autofahrt durch die Stadt vorzustellen. Okay, sagen wir, du willst von A nach B und hast eine genaue Anleitung von einem Routenplaner aus dem Internet ausgedruckt. Was könnte einfacher sein? Also fährst du los. Aber schon an der ersten Kreuzung gibt es ein Problem. Die Straße ist gesperrt. Und du hast nur die an sich zwar exakte, aber jetzt leider nutzlose Straßenführung.

Diese eindimensionale Karte mit nur einem Vorschlag für den richtigen Weg ist nur dann hilfreich, wenn absolut gar nichts dazwischenkommt. Besser wäre schon eine Karte, auf der mehrere Alternativen eingezeichnet sind, oder gar eine detaillierte Straßenkarte, wo du jeden Schleichweg findest. Aber was du jetzt noch viel dringender bräuchtest, wäre ein Navi, das auf jede Veränderung mit einer neuen Suche beginnt und alle Wege zum Ziel kennt. Und doch gibt es noch eine weitere Steigerung: Wenn du die Routen in deinem Kopf hast, ist das nämlich noch viel effektiver als ein Apparat. Fällt dir noch eine bessere Lösung ein?

Die ideale wäre folgende: Du hast einerseits eine einigermaßen detaillierte Karte im Kopf, andererseits aber auch – und das ist viel wichtiger – eine klare Vorstellung davon, wohin du willst und in welche Richtung du musst. Wenn du klar im Kopf hast, was dein Ziel ist, dann kommst du auch ganz ohne Karte an. Sogar dann, wenn sich alle Straßenführungen verändert haben sollten. Und vor allem kannst du dann völlig ohne Aufregung fahren.

Das »Geheimnis« besteht also darin, dass du bei allen Dingen, die du tust, immer die Richtung im Kopf behältst. Einen konkreten Plan brauchst du dafür nicht unbedingt, und du musst dein Ziel auch nicht die ganze Zeit im Auge behalten. Aber du solltest immer wissen, wohin die Reise geht, und dich dann vertrauensvoll von deinem Ziel anziehen lassen.

»Das Wasser fließt immer zum Meer, ohne sich darum zu bemühen«, hatte Yuke gesagt. Bao hatte das Gefühl, dass ein Schleier von seinen Augen gezogen würde. Und er hatte den leisen Verdacht, dass das nur der erste Schleier war.

»Wie das Wasser…« Aber er war ja nun einmal nicht Wasser. Fragend sah er Yuke an. Der Otter lächelte; er hatte Baos Gedanken erraten. *»Mein lieber junger Freund, du musst ja nicht zu Wasser werden, nur wie das Wasser. Sieh einfach hin – wohin zieht es dich?«*

Bao grübelte ein wenig. »Ich weiß es nicht. Wohin soll ich denn sehen?«

Yuke seufzte und legte den Kopf auf einen Stein. »Um zu sehen, muss man die Augen öffnen. Setz dich erst einmal bequem hin.«

Bao setzte sich.

»Und jetzt – sieh einfach genau hin. Denk nicht darüber nach, was du siehst. Versuch nicht, irgendetwas zu ändern. Sieh nur, was in diesem Augenblick da ist …«

Immer wenn du dich aufregst oder die Nerven verlierst, wirst du zum Opfer einer Interpretation; dann siehst du nur einen kleinen Ausschnitt der Wirklichkeit. Meist ist es noch schlimmer: Du siehst sogar nur einen kleinen Ausschnitt von einem kleinen Ausschnitt der Wirklichkeit – deine Einstellungen, Erwartungen, Befürchtungen und Erfahrungen blenden nämlich einen sehr großen Teil der Realität aus. Sobald du deine Augen aber wirklich für das, was da ist, öffnest, entdeckst du, dass die Welt viel bunter und vielschichtiger ist, als du dachtest. Und dass es oft gar keinen wirklichen Grund gibt, sich aufzuregen. Je weiter du deinen Blick werden lässt, desto leichter und schneller wirst du auch die ganzen Möglichkeiten erkennen, die dir jederzeit offenstehen.

Um »sehen zu lernen«, lass alle Gedanken beiseite. Nimm die Situation an, in der du dich befindest – und dann sieh dir genau an, was gerade ist, hier und jetzt.

Es ist natürlich viel einfacher gesagt als getan, die Gedanken beiseite zu lassen. Das ist etwas Ungewohntes. Noch. Auf jeden Fall ist es sinnvoll, das »tiefe Schauen« zunächst dann zu üben, wenn du gerade nicht in einer Stresssituation bist. In Augenblicken, in denen du dich überfordert fühlst, wird dein Geist nämlich von Gefühlen und Gedanken geradezu geflutet; dann hast du kaum eine Chance, dem noch zu entkommen – du hast dann einfach zu wenig Raum in dir. Doch das wird sich ändern. Wenn du regelmäßig versuchst, deinen Blick weit und offen werden zu lassen, wirst du das nach einer Weile auch dann schaffen, wenn es anstrengend wird.

Es ist wie eine etwas rostige Kurbel, die du in deinem Gehirn einrichtest: Zuerst einmal musst du dich ein wenig bemühen, um das Tor zu öffnen, durch das unruhige Gedanken und Gefühle abfließen können. Mit etwas Übung und wenn du die Kurbel eingeölt hast, wird es immer leichter, gezielt von Stress auf Gelassenheit umzuschalten.

In die Tiefe schauen

Für die folgende kleine Meditation kannst du dich einfach irgendwo bequem hinsetzen – aber natürlich nicht so bequem, dass du dabei einschläfst. Meditation heißt ja nicht Träumen, sondern ganz besonders wach sein!

Sieh, was du siehst. Du sitzt beispielsweise auf dem Sofa und siehst das Bücherregal. Vielleicht sind deine Gedanken schon dabei, abzuschweifen. Das Bücherregal kennst du ja eigentlich schon.

Aber kennst du es wirklich? Sieh genau hin. Siehst du die Maserung des Holzes? Wo sind Schatten, wohin fällt das Licht? Nimm dir Zeit, all das zu entdecken, was du bisher vielleicht noch nie bewusst wahrgenommen hast. Bewerte jedoch nicht, was du siehst: Es ist egal, ob das Regal aufgeräumt ist oder nicht oder ob es woanders stehen sollte. Es geht nur um das reine Sehen.

Natürlich werden deine Gedanken hin und wieder abschweifen! Das ist kein Problem – das ist sogar genau die Übung, um die es geht: dass du es bemerkst, wenn deine Gedanken sich selbstständig machen, und dass du dann jedes Mal wieder entspannt zur Übung zurückkehrst.

Schau in die Tiefe. Immer weiter ...

Du spürst sicher schnell, dass Mediation nicht Nichtstun ist, auch wenn du nur ruhig dasitzt. Deshalb übertreibe es nicht, und mach beizeiten eine Pause. Das Ganze soll ja Spaß machen und nicht noch zusätzlich Stress erzeugen!

Wenn du ein wenig geübt hast, in die Tiefe zu schauen und dem, was du siehst, auf den Grund zu gehen, kannst du dazu übergehen, deinen Blick zu weiten und auszudehnen.

Versuch, mehr Dinge auf einmal wahrzunehmen. Den Tisch, das Bücherregal, die Lampe, das Sofa, auf dem du sitzt ...

Und wenn du auch darin Übung hast, probier einmal, wie es mit dem Umschalten von der Alltagswahrnehmung zum In-die-Tiefe-Schauen klappt. Mit genug Übung gelingt es dir in Sekundenschnelle. Du musst dann nur kurz daran denken, und schon verändert sich deine Wahrnehmung.

Dann bist du bereit, das auch einmal in Stresssituationen auszuprobieren. Und du wirst feststellen, dass du bereits ein großes Stück Gelassenheit gewonnen hast, einfach nur, indem du im wahrsten Sinne des Wortes deine Perspektive verändert hast!

Bao blieb eine ganze Weile bei Yuke am Fluss und lernte die Kunst des »In-die-Tiefe-Schauens«. Und je tiefer er blickte, desto mehr staunte er. Und auch darüber staunte er – dass er nämlich das Gefühl hatte, dem Geheimnis der Gelassenheit bereits ein ganzes Stückchen näher gekommen zu sein, obwohl er sich doch noch keinen Schritt fortbewegt hatte. Er bedankte sich bei Yuke und verabschiedete sich herzlich. Doch bevor er sich auf den Weg machte, schrieb er noch auf ein Blatt:

Baos Bambusblattbibliothek

Du kannst niemals alles kontrollieren.

Da du ohnehin nicht alles kontrollieren kannst, ist es viel einfacher, loszulassen und dem Leben gelassen zu vertrauen – dann erkennst du die vielen Möglichkeiten, die dir offenstehen!

Du brauchst keinen Plan.

Wenn du ein Herzensziel im Kopf hast, ist das wie ein Kompass, der dich in die richtige Richtung führt – auch wenn du auf unbekannten Wegen gehst.

Genau hinsehen und den Blick weiten, ohne an Gedanken festzuhalten – das ist ein großer Schritt zur Gelassenheit.

Nicht kämpfen

Bao war nun schon fast den ganzen Tag auf den Beinen, und allmählich wurde er müde. Mit jedem weiteren Schritt verließ ihn das Hochgefühl, das er nach seinem Aufenthalt bei Yuke gehabt hatte. Ergab das alles denn überhaupt einen Sinn? Er setzte sich hin und versuchte, in die Tiefe zu schauen, wie er es gelernt hatte. Doch ganz gleich, wie lange er still dazusitzen versuchte, seine Gedanken gaben einfach keine Ruhe. »Ich muss ruhig werden – ich muss still werden – ich muss meinen Blick weiten – ich muss meditieren ...«, murmelte er vor sich hin. Es half nichts: Mit jeder Wiederholung wurde seine Stimmung nur noch düsterer. Schließlich sprang er auf und schrie: »Ich muss, ich muss, ich muss!«

Eine kleine Stimme piepste: »Aber aufregen musst du dich nicht gleich!«

Bao hielt verdutzt inne und blickte zu Boden. Vor ihm saß eine Maus und sah ihn belustigt an.

»Hallo, Schwarz-Weiß-Bär«, sagte die Maus und putzte sich die Barthaare. »Ich bin Shushu. Deine Willenskraft ist ja bewundernswert, aber könnte es sein, dass du mit dir selbst kämpfst? Das will ich mal nicht hoffen, denn das wäre wirklich der sinnloseste Kampf von allen!«

Der überwiegende Teil unserer Probleme hängt mit den inneren Kämpfen zusammen, die wir mit uns selbst – oder besser gesagt gegen uns selbst – austragen. Der häufigste Grund dafür, dass wir die Gelassenheit verlieren, liegt also in uns beziehungsweise darin, wie wir mit uns selbst umgehen. Das

Dumme an diesem inneren Tauziehen ist, dass wir dabei immer nur verlieren können. Zudem fragt sich natürlich auch, wer das denn wohl überhaupt ist, gegen den wir da so verbissen ankämpfen.

Kennst du das? Du willst etwas erreichen oder verändern. Vielleicht willst du es sogar mehr als alles andere auf der Welt. Und trotzdem kann es gut sein, dass dein »innerer Schweinehund« dich davon abhält. Viele Menschen wollen beispielsweise mit dem Rauchen aufhören. Möglicherweise gehörst du auch zu ihnen. Und falls du tatsächlich rauchen solltest, ist es ja auch eine hervorragende Idee, dir das schnell abzugewöhnen, denn es gibt nur sehr weniges, was sich so schädlich auf deine Gesundheit auswirkt. Dennoch: Auch wenn du dich noch so anstrengst, das Rauchen bleiben zu lassen, wirst du bemerkt haben, dass dich irgendetwas in dir immer aufs Neue dazu drängt, zur Zigarette zu greifen.

Woran liegt das? An der suchterzeugenden Wirkung des Nikotins? Oder sind die Effekte schuld, die Rauchen auf das Belohnungssystem im Gehirn hat? Sicher, all das spielt eine Rolle, doch als Erklärung genügt es nicht. Du weißt schließlich, wie gesundheitsschädlich diese Angewohnheit ist – im Zweifelsfalle müsste also deine Willenskraft, müsste deine Vernunft siegen … Und trotzdem ist es unendlich schwer.

Der Grund dafür, warum du das eine tust, obwohl du etwas anderes tun willst, liegt in einer einfachen, aber kaum bekannten Tatsache:

»Ich ist viele!«

Egal ob du mehr Sport machen möchtest, dich gesünder ernähren willst, ehrgeizige Projekte umsetzen oder deinem

Partner treu bleiben willst: Du hast nie nur eine einzige Motivation, und deshalb tauchen oft so viele Probleme auf. Das, was du jeweils »Ich« nennst, ist immer nur ein kleiner Teil deiner Persönlichkeit. Bestimmt hast du schon Bekanntschaft mit deinem Träumer-Ich gemacht, das vor fantastischen Ideen nur so sprudelt und auf die verrücktesten Lösungsvorschläge kommt. Meist werden diese Träume aber vom Realisten-Ich ganz schnell unterdrückt. Und dann gibt es beispielsweise den ewigen Nörgler, das Kritiker-Ich, das alles, was du tust, nach Fehlern untersucht und diese auch immer irgendwo findet.

Und was ist nun mit dem »inneren Schweinehund« – ist das vielleicht auch so ein Ich-Teil?

Ja und Nein. Ja – denn einerseits ist der Impuls, zur nächsten Schachtel zu greifen, natürlich auch ein Teil von dir. Aber andererseits wohnt deshalb noch lange kein »Schweinehund« in dir. Mitfühlender und viel angemessener wäre es, den Teil deiner Persönlichkeit, der dir Genuss, Entspannung und vielleicht auch noch andere angenehme Dinge verschaffen will, als dein »Genießer-Ich« zu bezeichnen. Ein äußerst wichtiger Teil deiner Persönlichkeit, übrigens! Nur leider: Ebenso wie alle anderen Teile von dir ist auch er ein wenig einseitig. Denn auch wenn alle Anteile deiner Selbst immer das Beste für dich wollen, so sind die Mittel, die sie wählen, oft alles andere als optimal – schon gar nicht langfristig.

Im Fall des Rauchens ist dein vernünftiges Ich fest davon überzeugt, dass du mit dem Rauchen aufhören solltest, weil es gesundheitsschädlich ist; und natürlich willst du lieber gesund als krank sein. Doch dein Genießer-Ich, das nur im jetzigen Augenblick lebt, sieht das nicht ein – schließlich verschafft dir das Rauchen ja sehr angenehme Gefühle. Du willst doch dein Leben in diesem Augenblick genießen, stimmt's? Und schon beginnt ein innerer Kampf. Ein Kampf mit dir selbst.

Es wird dir sehr viel leichter fallen, den Kampf mir dir selbst aufzugeben, wenn du dir zwei Dinge bewusst machst:
1. Unsere inneren Persönlichkeiten haben *immer* eine gute Absicht! Sie meinen es *immer* gut mit uns!
2. Innere Kämpfe können wir nur verlieren – denn wenn »ich« gegen »ich« antritt, ist »ich« der Verlierer!

Aus diesen beiden Einsichten lassen sich zwei einfache Gelassenheitsrezepte ableiten:
1. Behandle jeden Teil deiner selbst mit Respekt, Verständnis und Liebe. Jeder Wunsch, jeder Drang, jede geheime Sehnsucht – sie alle wollen nur dein Bestes, auch wenn sich der Weg zur Erfüllung deiner Bedürfnisse manchmal als Sackgasse erweist. Das heißt natürlich nicht, dass du jedem Impuls gleich nachgeben solltest, sondern nur, dass du das, was im Augenblick in dir lebendig ist, zunächst einmal so akzeptierst. Erst wenn du dich selbst mit viel Verständnis betrachtest, kannst du einen Weg finden, der die gute Absicht erfüllt – aber mit anderen

Mitteln, durch die du weder dir selbst noch anderen Schaden zufügen musst.
2. Kämpfe nicht gegen dich selbst, das ist vollkommen sinnlos. Anstrengung bringt hier nichts, sie verschlimmert alles nur. Versuch stattdessen gelassen, die Absicht deiner inneren Persönlichkeiten oder wenn du so willst »deines Unterbewusstseins« zu erkennen – und dann such nach neuen, besseren Wegen, diese zu erfüllen. Du kannst keinen Kampf gegen dich selbst gewinnen – du kannst höchstens erreichen, dass ein Teil deiner selbst einen anderen Teil deiner selbst unterdrückt. Und das wird immer ein Verlust sein.

Bao sah die Maus verdutzt an. Verflixt – sie hatte ja recht: Er kämpfte gegen sich selbst.

»Na, Bärchen, hast du dich wieder ein wenig beruhigt?«, fragte Shushu, nachdem sich beide lange schweigend angeschaut hatten.

Bao nickte, und er schämte sich ein wenig, dass er seine Gelassenheit schon wieder verloren hatte. »Hallo, Shushu. Ich bin Bao.« Trotz aller guten Vorsätze ärgerte er sich darüber, wie ihn die Maus angesprochen hatte. »Und ich bin übrigens kein Bärchen, sondern ein Panda!«

Shushu lachte. »Na gut, Bao. Ärgere dich nicht. Willst du mir nicht lieber erzählen, was dich so aufregt und warum du überhaupt gegen dich selbst kämpfst?«

Und so erzählte Bao ihr von seiner Suche nach dem Geheimnis der Gelassenheit. Shushu hörte aufmerksam zu.

»... und leider habe ich mich dann schon wieder aufgeregt, dass ich es einfach nicht hinbekomme, meine Gedanken zu beruhigen, wie es mir Yuke beigebracht hat«, beendete Bao seine Erzählung.

»Hm, weißt du, mir scheint, dass du nicht freundlich genug zu dir bist. Du folgst nicht deiner wahren Natur und streitest stattdessen mit dir selbst. Vielleicht wäre es gut, wenn du dich selbst einmal fest in den Arm nehmen würdest.«

»Wie bitte? Mich selbst in den Arm nehmen? Du willst mich wohl auf den Arm nehmen?«

Shushu lachte laut auf. »Mein Lieber, das lasse ich sicher bleiben – sonst wäre ich ja platt. Nein, ich meine es ganz ernst: Mach mal die Augen zu und stell dir vor, dass du dich verdoppelst und dir selbst dein bester Freund bist, der dich ganz fest in den Arm nimmt und dich wirklich versteht!«

Bao schaute etwas ungläubig, seufzte und tat schließlich doch, was ihm Shushu geraten hatte. Nach einer Weile merkte er, wie ihm Tränen in die Augen stiegen. Doch es waren keine bitteren, sondern süße Tränen, die nur fließen, wenn man etwas ganz ganz Schönes erlebt ...

Dass du überhaupt mit dir selbst kämpfst, hat vor allem eine Ursache: Du übersiehst einige wichtige Aspekte deiner Persönlichkeit. Du lehnst einen Teil von dir ab – und dabei ist dir leider nicht wirklich bewusst, dass es ein Teil von dir ist und du dich somit letztlich selbst zurückweist. Das ist ganz natürlich und geht jedem so. Du glaubst, dass nur das, was dir momentan bewusst ist, wirklich du bist. Und wahrscheinlich ist dir die Vorstellung, dass du mehrere Facetten hast, sogar etwas unheimlich.

Das sollte es aber nicht. Viel unheimlicher wäre es, wenn du *nicht* erkennen würdest, dass alle deine Motive, Einstellungen und inneren Bilder zu dir gehören. Wenn wir beispielsweise unseren sogenannten inneren Schweinehund nicht als einen ebenfalls wertvollen Teil unserer Persönlichkeit erkennen, machen wir es uns unnötig schwer und werden uns nie mit uns selbst wohlfühlen können. Zwar ist es »normal«, Aspekte von sich selbst zu unterdrücken und zu verdrängen, gesund ist es deshalb aber nicht. Im Gegenteil – in ganz extremen Fällen kann das sogar zu ernsten Problemen führen: Wer die unterschiedlichen Stimmen seiner Persönlichkeit nämlich überhaupt nicht mehr sich selbst zuordnen kann, »hört Stimmen« in seinem Kopf, die ihm wie fremde Stimmen erscheinen. Und das ist eines der Symptome der Schizophrenie.

Viel gesünder ist es daher, zu verstehen und zu *fühlen*, dass du nicht nur *eine* Motivation hast und nicht nur *eine* Möglichkeit, die Dinge zu betrachten, sondern dass es die Vielfalt ist, die dich und deine Lebendigkeit ausmacht – und das ist doch eine gute Nachricht, nicht wahr?

Kennst du das Modell der inneren Persönlichkeiten? Es erklärt, wie es überhaupt möglich ist, dass du im Streit mit dir selbst liegen kannst. Es zeigt, dass deine Motive und Sichtweisen so vielseitig sind, dass sie sich manchmal widersprechen – und warum das auch ganz natürlich und gut ist.

Vielleicht kommt dir das bekannt vor. Du möchtest beispielsweise im Beruf erfolgreich sein und willst dich gleichzeitig nicht überarbeiten und das Leben genießen. Beide Motive und die damit verbundenen Verhaltensweisen haben ihren Wert und ihre Berechtigung.

Manchmal kommt es aber zu Krisen; nämlich wenn die Teile deiner Persönlichkeit keinen gemeinsamen Weg finden können. Dann fühlst du dich im wahrsten Sinne des Wortes innerlich »zerrissen«. Es beginnt ein innerer Kampf.

Dein innerer Macher möchte sich mehr im Job engagieren, damit du befördert wirst, Anerkennung bekommst und das Gefühl hast, etwas geleistet zu haben. Dein innerer Genießer will hingegen, dass du mehr Zeit mit Freunden und der Familie verbringst und dich einfach wohl, warm, verbunden und aufgehoben fühlst.

In solchen Situationen versuchen die meisten von uns, einen dieser Persönlichkeitsteile stärker ins Bewusstsein zu holen, während sie den anderen unterdrücken oder »überhören«. Das nennt man dann: »Gegen den inneren Schweinehund kämpfen«, »sich zusammenreißen«, »seine Willenskraft beweisen« oder andernfalls »faul und ein Loser sein«. Gut fühlt sich nichts davon an. Im Gegenteil: Es macht dich schwächer, angespannter, nervöser. Und mit der Gelassenheit ist es dann erst recht vorbei. Das sieht nach einer schwierigen Situation aus, stimmt's?

Bao wischte sich die Tränen aus den Augen und lächelte. »Diese innere Umarmung war wirklich schön!«

Doch offenbar plagte ihn noch etwas anderes, denn auf einmal verschwand sein Lächeln wie Wasser, das auf einem heißen Stein verdunstet. »Ach, Shushu, es stimmt schon – das war wundervoll. Aber ich kann mich doch nicht dauernd selbst umarmen! Wie soll denn das gehen? Das ist doch lächerlich! Ich habe schließlich eine Aufgabe zu erfüllen. Ich will unbedingt Gelassenheit erlangen – aber ein böser Geist sitzt in mir, der sagt: Lass das bleiben, das hat keinen Sinn, such lieber deine Familie, hör nicht darauf, was diese seltsame Maus sagt ...«

Shushu legte ihre winzige Pfote behutsam auf Baos Tatze. »Mein Lieber: Glaub' mir – das ist kein böser Geist. Es bist du selbst, Bao, der da in dir spricht.«

»Nein! Auf keinen Fall, das bin ich nicht. Ich will doch das Geheimnis der Gelassenheit finden – das habe ich dir ja gerade erklärt!«

»Ja, Bao, und das glaube ich dir auch. Aber wenn du tief in dich hineinhorchst, dann wirst du da auch diese andere Stimme hören. Und auch wenn dir nicht gefällt, was sie sagt, solltest du dich fragen: Mein lieber Bao, was möchtest du erreichen?«

»Mich selbst fragen? Wieso denn – ich weiß doch, was ich erreichen will!«

»Das glaubst du vielleicht, aber was ist mit dem anderen Bao in dir, der noch nicht einverstanden mit deiner Suche ist? Denk daran: Auch das ist schließlich Bao, und er will ebenfalls nur das Beste für dich.«

»Aber ich will meine Suche nicht aufgeben!«

»Natürlich nicht, und das wäre ja bestimmt auch keine gute Idee. Trotzdem solltest du versuchen, nett zu dem ganzen Bao zu sein. Du wirst sehen: Wenn all deine Tatzen erst einmal in dieselbe Richtung gehen, wirst du viel schneller ans Ziel gelangen ... Komm schon, mach nicht gleich so ein Gesicht! Probier's lieber einfach mal aus.«

Bao sah Shushu zweifelnd an, doch dann schloss er die Augen und saß eine ganze Weile ruhig da, als würde er schlafen. Doch Bao schlief keineswegs – Shushu sah, wie sein Gesicht zuerst ein wenig zweifelnd aussah, wie sich seine Züge allmählich entspannten und wie schließlich ein kleines Lächeln um seine Augen erschien.

»Siehst du, Bao«, sagte die Maus. »Nun kannst du schon viel mehr von dem erkennen, was dir guttut. So kommst du dem Geheimnis näher ...«

Es macht viel aus, wie wir mit uns selbst sprechen. Der Ton macht die Musik, doch was den richtigen Ton betrifft, so haben ihn viele von uns offensichtlich noch nicht gefunden. Die meisten Menschen erzeugen eine Menge Misstöne, indem sie sich ständig selbst ermahnen, sich kritisieren, sich und ihre Leistungen abwerten und sich oft sogar richtiggehend fertigmachen.

Es ist keine gute Idee, sich selbst anders als freundlich und mitfühlend zu behandeln. Die Art und Weise, wie wir mit uns selbst sprechen, ist genauso wichtig wie der Umgang mit anderen Menschen. Wenn du andere beschimpfst, angreifst, klein machst oder immerzu an ihnen herumnörgelst, führt das nie dazu, dass sie dir zuhören, dich unterstützen oder dir dabei helfen, deine Pläne zu verwirklichen. Im Gegenteil: Wo immer es geht, werden sie dir Steine in den Weg legen! Wenn jemand deutlich spürt, dass du ihn verachtest, ihn nicht verstehst und für dumm hältst, wird er automatisch eine Abwehrhaltung einnehmen und sich dem widersetzen, was du sagst – zumindest innerlich. Oder er wird gar nicht erst zuhören: zum einen Ohr rein, zum anderen wieder raus. Und mit deinen »inneren Persönlichkeiten« ist das nicht anders.

Der Schweinehund-Flüsterer

Für die nächste kurze Übung brauchst du einen inneren Konflikt. Du kannst die Methode nämlich nur dann anwenden, wenn du *nicht* gelassen bist, sondern in einem inneren Widerstreit steckst. Allerdings muss das nichts Weltbewegendes sein – im Gegenteil: Anfangs gelingt diese Methode am besten, wenn es nur um eine Kleinigkeit geht. Vielleicht möchtest du ja mehr Sport machen, ein wenig abnehmen oder weniger Zeit vor dem Fernseher verbringen – doch es will dir nicht so recht gelingen, weil der »innere Schweinehund« dich davon abhält.

Schließ die Augen und sprich einmal »ein ernstes Wörtchen« mit diesem angeblichen Schweinehund.

Wenn du dich selbst beschimpfst und verurteilst, wirst du schnell merken, dass du kein bisschen vorankommst und dir nur selbst im Weg stehst. Entweder wirst du gar nicht erst mit diesem boshaften Schweinehund in Kontakt treten können. Oder du bekommst eine Antwort wie: »Quatsch, lass mich in Ruhe« oder »Jaja, sehen wir mal ...«

So, das hat also schon mal nicht geklappt. Probier es daher nun mal auf eine ganz neue Art und Weise: Entspann dich zunächst, so gut es im Moment geht. Mach es dir gemütlich, und atme tief durch. Stell der »hinderlichen« Stimme in dir dann folgende Frage: »Was willst du Gutes für mich? Entschuldige bitte, dass ich ›Schweinehund‹ gesagt habe. Wie soll ich dich nennen?«

Du kannst die Sätze leise aussprechen oder sie auch nur innerlich sagen. Lass dir Zeit. Erwarte nicht zu viel. Hör einfach nur entspannt in dich hinein. Vielleicht taucht schon bald eine klare Antwort aus deinem Inneren auf. Dann kannst du dazu übergehen, ein konstruktives Selbstgespräch zu führen. Du kannst mit deinen inneren Persönlichkeiten genauso sprechen, wie du mit einem Freund sprichst. Frag einfach nach, welche positiven Absichten sich hinter deinen verschiedenen Motiven verbergen könnten: »Was willst du wirklich? Willst du mir dabei helfen, dass ...?«

Vielleicht findest du jetzt einen Weg, diese gute Absicht auf eine gesündere, harmonischere Art umzusetzen und dabei innere Widerstände aufzulösen.

So wird der »Schweinehund« womöglich in »Genießer«, »Tröster« oder »Langeweilevertreiber« umgetauft. Und statt Genuss, Trost oder Langeweile durch übermäßiges Essen oder Rauchen zu befriedigen, fallen dir ganz neue, verträglichere Möglichkeiten ein, mit denen auch dein innerer Genießer, Tröster oder Langeweilevertreiber zufrieden sein kann. Dann wird jede Veränderung leicht, und die inneren Konflikte kommen zur Ruhe. Wie auch du selbst.

Doch auch wenn du keine klare Antwort empfängst, wirst du spüren, dass dich diese mitfühlende Art, mit deinen inneren Konflikten umzugehen, gelassener und zufriedener macht. Du hast es immerhin versucht. Und beim nächsten Mal wird dir die Sache leichter fallen. Einfühlungsvermögen lohnt sich immer – nicht nur bei anderen, sondern auch bei dir selbst!

Bao unterhielt sich noch lange mit Shushu. Und wieder war er dem Geheimnis der Gelassenheit ein Stückchen näher gekommen. Als er sich von Shushu verabschiedete, waren die beiden gute Freunde geworden – und Bao hatte begonnen, sich selbst besser zu verstehen. Bevor er sich auf den Weg machte, schrieb er noch auf ein Blatt:

Baos Bambusblattbibliothek

Kämpfe niemals gegen dich selbst – du kannst diesen Kampf nicht gewinnen!

Dein Wahres Ich ist viel mehr als das, was du in diesem Moment ›Ich‹ nennst.

Sei liebevoll und freundlich zu dir selbst. Stell dir vor, dass du dein bester Freund bist, der dich ohne Wenn und Aber in den Arm nimmt.

Alle deine inneren Antriebe haben eine gute Absicht. Lerne diese gute Absicht kennen und du wirst den besten Weg finden!

Das Schwere loslassen

Bao wanderte durch Wälder und über felsige Hügel, ziellos und doch mit dem Ziel, das Geheimnis der Gelassenheit zu finden. Wenn ihm einmal Zweifel kamen, übte er sich in Vertrauen und versuchte, mit sich in Einklang zu kommen, indem er freundlich zu sich selbst war. Es kam nun nicht mehr so häufig vor, dass er sich aufregte. Und doch spürte er gelegentlich, dass er immer noch unruhig war.

Er wanderte gerade über eine große Lichtung im Wald, eine wilde Wiese voller Blumen. »Wie schön es hier ist!«, dachte er. »Aber warum bin ich dann so traurig? Macht meine Wanderung überhaupt Sinn? Werde ich mein Ziel wohl je erreichen?« Ja, wieder einmal plagten ihn düstere Gedanken, und es herrschte Unruhe in seinem Geist. Er versuchte, sich mit Meditation zu beruhigen, doch er konnte einfach nicht still sitzen. Er versuchte, mit seinen inneren Stimmen zu sprechen, doch sie redeten alle durcheinander.

Bao warf sich auf den Boden und presste die Tatzen vor seine Augen. Ruhe, Ruhe, Ruhe … sagte er sich. Doch die Ruhe kam nicht.

Was hingegen kam, war ein kleine Stimme aus dem Gras. »Was hast du denn?«

Bao sah sich um, doch da war niemand. Seine alten Ängste wollten ihn schon überkommen, da zirpte es noch einmal. »Hier bin ich! Genau neben deinem Ohr.«

Tatsächlich. Ein Grashüpfer saß auf einem Halm und winkte Bao zu. »Ich bin Lü. Kann ich dir vielleicht helfen?«

Und Bao schüttete Lü sein Herz aus. Da der Grashüpfer ein guter und geduldiger Zuhörer war, fühlte Bao sich schon bald ein wenig besser.

»Ich glaube, ich weiß, warum du auf deiner Reise zum Geheimnis der Gelassenheit nicht weiterkommst«, sagte Lü. »Du trägst zu viel mit dir herum!«

Sich frei und unbeschwert zu bewegen ist nicht leicht, wenn man einen Rucksack voller Steine und zwei Koffer mit Alteisen mit sich herumschleppt. Jeder, der alle seine Sinne beisammen hat, würde die Koffer und den Rucksack ausleeren oder den ganzen Kram am besten gleich wegwerfen. Was auf der materiellen Ebene wohl jedem einleuchtet, ist im seelischen Bereich jedoch leider nicht so klar. Dabei wiegen die seelischen Bürden, die viele von uns mit sich herumtragen, oft mehr als der schwerste Reisekoffer. Und dieses seelische Übergepäck kommt uns teuer zu stehen ...

Ganz gleich, wie voll unser Rucksack auch sein mag – das, was wir ein Leben lang mit uns herumschleppen, ist nicht gerade leicht aufzugeben. Wir sind an unsere Altlasten so gewöhnt, dass wir gar nicht merken, wie sehr sie uns einschränken. Unser mentales und seelisches Gepäck trägt viele Namen:

* **Vorurteile:** Verallgemeinerungen von Erfahrungen, die wir irgendwann einmal gemacht haben und die uns daran hindern, uns für neue Erfahrungen zu öffnen;
* **Glaubenssätze:** einschränkende Gedanken darüber, wie wir selbst, andere Menschen oder die Welt funktionieren – einengende Vorstellungen, die uns Scheuklappen aufsetzen und unseren Blick auf die Wirklichkeit verzerren;

* **Groll:** Wut auf Menschen, die uns irgendwann einmal etwas Schlimmes angetan haben – Reaktionsweisen, die von Zorn bestimmt sind und immer wieder Spannungen und unangenehme Gefühlszustände in uns auslösen;
* **Erfahrungen:** Dinge, die wir gelernt haben und nun für allgemeingültig oder »wahr« halten, sodass sie uns davon abhalten, Neues zu erfahren;
* **Gewohnheiten:** Verhaltens-, Gefühls- und Denkweisen, die wir so oft wiederholt haben, dass es uns gar nicht in den Sinn kommt, etwas anders zu machen als bisher, auch wenn diese routinemäßigen Abläufe längst nicht mehr effektiv sind.

All diese Dinge sind Belastungen – schwere Steine im Rucksack unseres Lebens.

Gelassenheit gewinnst du am einfachsten dadurch, dass du dich von solch überflüssigem Ballast befreist!

Ja, natürlich – aber das ist leichter gesagt als getan. Wo sollst du anfangen? Darüber nachzudenken hilft ja leider noch herzlich wenig – obwohl es immerhin ein Anfang ist. Vielleicht ist dir sofort klar, dass du manche Glaubenssätze, den Groll auf Menschen, die gemein zu dir waren, oder schlechte Gewohnheiten aufgeben solltest. Das leuchtet dir sicher sofort ein. Doch diese Dinge sind irgendwie »klebrig«. Sie haften an dir fest und du an ihnen. Selbst dann, wenn du deutlich spürst, dass sie dir nicht guttun.

Erinnerst du dich an das Prinzip des Nicht-Kämpfens? Wenn du erkennst, dass es dir in manchen Bereichen sehr schwerfällt, loszulassen, solltest du noch einmal versuchen, die guten Absichten in dir zu finden, die hinter dem Wunsch, festzuhalten, stecken könnten.

Bao sah die kleine Heuschrecke Lü interessiert an. »Wie meinst du das? Ich trage doch kaum etwas bei mir.«
Lü lächelte. »Nicht außen, Bao. Innen!«
Bao riss die Augen auf und nickte. »Ja, das hat mir Shushu auch schon gesagt. Und das hat mir auch geholfen. Trotzdem merke ich, dass etwas an mir haftet – etwas, das es mir schwer macht, wirklich gelassen zu bleiben.«
»Oh ja«, antwortete Lü. »Ich weiß auch, was es ist. Du denkst, dass du das Geheimnis der Gelassenheit mit deinem Geist erfassen kannst. Aber es gibt noch mehr als deinen Geist!«

Bao dachte nach. »Ja, natürlich; es geht vor allem um meine Gefühle. Das wusste ich aber schon. Selbst damals, als ich noch im Tal des großen Mangobaumes lebte, wusste ich bereits, dass ich etwas ändern sollte ...«

Lü sprang mühelos über Bao hinweg auf einen anderen Halm. »Du hast recht, Bao – es geht natürlich auch um deine Gefühle. Aber es gibt noch etwas viel Grundlegenderes, ganz Naheliegendes ...«

Vielleicht beschäftigst du dich schon eine ganze Weile mit dem Thema Gelassenheit und bist trotzdem nicht recht zufrieden. Vielleicht spürst du, dass du dein Leben einfach nicht in Leichtigkeit und Freude führen kannst, weil dich ständig irgendwas belastet. Gut möglich, dass du längst erkannt hast, dass es etwas jenseits deiner Gedanken und Gefühle gibt, das dir das Leben im wahrsten Sinne des Wortes »schwer« macht. Hast du eine Vorstellung davon, was das sein könnte?

Die Antwort setzt auf einer so naheliegenden Ebene an, dass viele von uns gar nicht daran denken oder sie zumindest sehr unterschätzen: Unsere Gedanken und Gefühle drücken sich nämlich immer auch in unserem Körper aus. Wir sind nicht nur Geist und Gefühle, wir sind auch Körper – und letztlich gibt es da keine Trennung.

Du kennst das bestimmt: Wenn du dich aufregst, wirst du rot, und dein Herz beginnt schneller zu schlagen. Wenn du Angst hast oder verzweifelt bist, zieht es im Bauch. Wenn du dir Sorgen machst, verspannen sich deine Schultermuskeln. Manchmal ist das allerdings kaum spürbar – und das ist das größte Problem. Denn was man gar nicht spürt, kann man natürlich erst einmal auch nicht verstehen.

Ein ganz wichtiger Schritt zu mehr Gelassenheit besteht daher darin, deinen Körper genau kennenzulernen. Und dich in ihm wohl und geborgen zu fühlen. Das heißt zuallererst einmal: Entspannung.

Sicher – du wirst nicht dauerhaft gelassen werden, nur weil du eine Entspannungsübung machst. Oder vielleicht doch? Das kommt drauf an: Beim ersten Mal wird wahrscheinlich tatsächlich nicht viel passieren, aber wenn du so regelmäßig übst, dass der Zustand der Entspannung dir schließlich in Fleisch und Blut übergeht, sieht die Sache schon ganz anders aus!

Die Übung, die du gleich kennenlernen wirst, kann dir dabei helfen. Wenn sie dir ganz vertraut ist, hilft sie dir, dich sogar innerhalb von Sekundenbruchteilen zu entspannen.

Entspannung und Aufregung können nicht gemeinsam existieren. Beobachte dich einmal, wenn du die Nerven verlierst: Du wirst erkennen, dass es tatsächlich unmöglich ist, dich gleichzeitig zu entspannen und dabei sehr aufgeregt, sehr angstvoll oder sehr verzweifelt zu sein. Spannungen in der Seele wirken sich immer auch auf deine Muskeln aus. Und umgekehrt hat ein entspannter Körper immer auch eine harmonisierende Wirkung auf die Seele.

Wie so vieles, so ist auch Entspannung vor allem eine Frage der richtigen Technik. Es gibt viele verschiedene Übungen, die dir zu einem entspannteren Zustand verhelfen können. Zu den bekanntesten zählen Yoga, Qigong, autogenes Training oder die Meditation. Manche Methoden sind schwierig zu lernen. Einerseits gehen sie zwar meist weit über die reine Entspannung hinaus, doch andererseits brauchst du natürlich auch entsprechend viel Zeit, um sie zu erlernen.

Wenn du dich allerdings auf einfache Weise schnell und tief entspannen möchtest, gibt es dazu eine sehr unkomplizierte Möglichkeit.

Den Bogen spannen und den Pfeil loslassen

Setz dich bequem hin und schließ die Augen. Wenn du möchtest und es dir möglich ist, kannst du dich auch hinlegen. Die ersten Male, wenn du die Übung machst, geh ganz langsam und bewusst vor. Versuch, jeden Schritt ganz achtsam zu machen und deine Gedanken nicht abschweifen zu lassen.

Stufe 1

Die erste Übungsphase besteht darin, dass du immer eine einzige Muskelgruppe anspannst. Halt die Spannung fünf Sekunden lang … und dann lass los. Auch das Entspannen der Muskeln sollte langsam erfolgen, zähl also auch dabei langsam bis fünf. Spür, wie sich das Entspannen anfühlt.

Fang mit den Händen an: Ball beide Hände ganz fest zu Fäusten und zähl langsam bis fünf, aber halt die Luft dabei nicht an! Und dann lass die Hände wieder locker, entspann alle Handmuskeln – wieder ganz langsam. Du spürst bestimmt sofort, dass sich die Entspannung angenehmer anfühlt als die Spannung. Versuch, den Vorgang der Entspannung ganz genau zu beobachten – was ändert sich?

Auf diese Weise kannst du nun durch den ganzen Körper gehen und der Reihe nach alle Muskeln an- und langsam wieder entspannen. Es genügt, jeden Muskel einmal anzuspannen. Besonders wichtige Muskelgruppen sind die Schultern (hochziehen – und loslassen), der Bauch (die Knie in Richtung Brust ziehen – und loslassen) und das Gesicht (ein »Zitronengesicht« machen – und dann alle Spannungen im

Gesicht langsam loslassen). Halt die Spannung jeweils etwa fünf Sekunden lang und spann die Muskeln möglichst fest an. Gleichzeitig solltest du aber unbedingt darauf achten, den Atem auch in der Anspannungsphase frei strömen zu lassen.

Stufe 2

Sobald du die erste Methode einige Male geübt hast, kannst du versuchen, die Entspannung durch eine einfache Bewegung zu erzielen: Stell dir dazu vor, dass du einen Bogen spannst – einen Bogen, der nur mit ganz viel Kraft gespannt werden kann. Steh also aufrecht und spann den imaginären Bogen. Während du die Bewegung ausführst, solltest du möglichst alle deine Muskeln anspannen, auch die Beine, den Bauch und das Gesicht.

Halt die Spannung mindestens fünf Sekunden lang und dann – lass den Pfeil los ... und entspann dich! Lass dir wieder ein bisschen Zeit, dem Gefühl, wie sich die Muskeln entspannen, nachzuspüren. Atme dabei weiter. Und sieh, wie sich die körperliche Entspannung auf deine Gefühle auswirkt.

Stufe 3

Du kannst noch einen Schritt weitergehen: Wenn die Übung gut funktioniert, dann probier doch einmal aus, ob du sie auch nur in der Vorstellung machen kannst. Das kannst du sogar machen, während du im Zug sitzt oder auf dem Bett liegst. Dabei stellst du dir einfach nur vor, wie sich beim Spannen des Bogens alles in dir anspannt – und wie du es mit einem Mal loslässt und das Gefühl der Entspannung genießt, das du nun schon kennst.

Wenn du einmal in eine Stresssituation gerätst, spanne kurz innerlich den Bogen und lass den Pfeil los ... und stell dir gleichzeitig vor, dass der Pfeil der Stress ist, der nun pfeilschnell davonfliegt.

Bao öffnete die Augen und lächelte. »Das hat gutgetan! Ich fühle mich ... leichter und freier. Und ich fühle mich stärker. Ich könnte Bäume ausreißen!«

Lü nickte. »Natürlich – du hast jetzt einen Teil der Wut, der Angst und der Traurigkeit, die in deinem Körper steckte, losgelassen. Die Energie, die du dafür verschwendet hast, kannst du nun besser verwenden. Aber lass die Bäume lieber stehen!«

Bao schlug einen Purzelbaum. »Klar! Aber sag mal, Lü, ist die Spannung jetzt wirklich weg? Das war ja so einfach!«

»Nun ja, das Leichte ist oft schwer, und das Schwere ist manchmal ganz leicht. Bestimmt kommen die Anspannungen wieder. Doch du weißt ja jetzt, wie du sie loslassen kannst. Und je mehr du übst, desto mehr wirst du dich wirklich tief entspannen können. Dann kannst du allmählich damit beginnen, all das loszulassen, was dir auf deiner Suche nach dem Geheimnis der Gelassenheit im Weg steht.«

Die Spannungen, die sich in deinem Körper festgesetzt haben, hindern dich daran, gelassen zu sein. Umgekehrt ist aber auch wahr, dass du umso gelassener sein wirst, je entspannter dein Körper ist.

Und doch ist die körperliche Entspannung nur ein Teil der Gelassenheit, wenn auch ein wichtiger. Wie schnell die innere Ruhe, die du mit Entspannungsübungen erreichen kannst, wieder verloren geht, merkst du zum Beispiel, wenn du gerade übst und jemand ins Zimmer poltert und dich stört. Oft sind die Anspannungen dann sofort wieder da und du reagierst ungehalten. Das macht aber nichts, und es ist wirklich unnötig, dich auch noch darüber zu ärgern, dass du dich ärgerst.

Vergiss nicht, dass du längst auf dem Weg bist. Anspannung, Entspannung, Ärger, Freude ... alle diese Zustände sind einfach nur Teil deines Weges. Keine Sorge – mit der Zeit wirst du mehr und mehr loslassen können. Je mehr Ballast du abwirfst, desto freier und gelassener wirst du werden. Und wenn du dich zwischendurch ab und zu einmal aufregst – was soll's!

Lass das Schwere los; das ist die beste Grundlage für Gelassenheit. Körperliche Anspannungen sind letztlich nur Manifestationen belastender Muster aus der Vergangenheit. In dem Maße, in dem sich die Verspannungen lösen, werden auch Ruhe und Gelassenheit immer deutlicher spürbar – nicht nur im Körper, sondern auch in deinem Geist ...

Bao blieb ein paar Tage bei Lü und übte sich in der Kunst der Entspannung. Er hätte sich gern noch länger auf der Waldlichtung im Gras liegend dem Wohlgefühl der vollkommenen Entspannung hingegeben, doch sein Lehrer ermahnte ihn schließlich: »Bao, du hast noch ein ganzes Stück der Reise vor dir – und auch ich muss mich auf eine Reise begeben. Entspannung ist gut, sehr gut sogar. Doch du wirst feststellen, dass du noch mehr loslassen musst als nur die Spannung in deinem Körper, um das Geheimnis der Gelassenheit zu finden.«

Also verabschiedete Bao sich von Lü und versprach, ihn wieder zu besuchen, sobald er das Geheimnis der Gelassenheit entdeckt hatte. Ein wenig traurig war er, doch Meister Lü lächelte, sodass auch Baos Herz leichter wurde. Und schließlich bereitete er sich auf seinen weiteren Weg vor.

Doch zuvor schrieb er noch auf ein Blatt:

Baos Bambusblattbibliothek

Sei unbeschwert. Trag keine unnötigen Lasten mit dir herum, dann wird alles leichter.

Das, was zu Unruhe führt, hat sich im Körper als Anspannung festgesetzt – löse die Spannung in deinem Körper auf, dann löst du auch die Unruhe auf.

Entspannung ist nicht Gelassenheit, doch sie ermöglicht es dir, gelassen zu werden, da sie dir hilft, deine Energie zu bewahren.

Das Herz
leicht werden lassen

*B*ao genoss es zu wandern. Immer, wenn er begann, Angst vor der Zukunft, Ärger über das Vergangene oder Trauer über den Verlust von Familie und Heimat zu spüren, legte er einfach eine Pause ein und übte sich in der Kunst der Entspannung, die er bei Meister Lü gelernt hatte. Doch während die Tage verstrichen, erschien im Laufe der Zeit immer wieder der gleiche Gedanke in seinem Kopf: Entspannung ist sehr angenehm – aber Gelassenheit muss doch sicher noch viel mehr sein. Nach einer Woche trübte sich seine Stimmung immer mehr, und das Herz wurde ihm schwer. Er zweifelte daran, dass er der Gelassenheit wirklich näher gekommen war. Zumindest was die Seelenruhe betraf, die doch eigentlich mit wahrer Gelassenheit einhergehen sollte, war er alles andere als zufrieden mit sich. Sicher – er versuchte zu üben, was er bisher gelernt hatte, versuchte, nicht mehr gegen sich selbst zu kämpfen, bemühte sich darum, den Dingen ihren Lauf zu lassen und sich tief zu entspannen. Und es stimmte auch, dass er tatsächlich schon ein wenig ruhiger und ausgeglichener geworden war. Aber trotzdem: Wenn er daran dachte, wie lange der Weg zu seinem Ziel noch sein mochte, stiegen ihm die Tränen in die Augen.

Während er betrübt ins Leere starrte, hörte er auf einmal ganz nahe das Schlagen von Flügeln, und eine melodische Stimme sprach: »Lass dein Herz leicht werden, kleiner Panda!«

Er blinzelte die Tränen aus seinen Augen und sah, dass ein regenbogenbunter, kleiner Vogel auf einem Stein vor ihm saß und ihn voller Mitgefühl ansah. Er versuchte zu lächeln. »Danke für deinen Rat, kleiner Vogel. Ach, wenn es doch so leicht wäre, mein Herz leicht werden zu lassen!«

Der Vogel legte seinen Kopf zur Seite und sah Bao prüfend an. »Ja, ich sehe, du siehst nicht gerade glücklich aus. Vielleicht kann *ich dir ein wenig helfen. Denn ob du es glaubst oder nicht: Es ist gar nicht so schwer, sein Herz zu erleichtern ...«*

Welchen Weg du in deinem Leben einschlägst, hängt sowohl von äußeren als auch von inneren Umständen ab. Doch immer dann, wenn die äußeren Umstände den inneren widersprechen, erlebst du Stress und Anspannung.

Zu den inneren Umständen, die uns regelmäßig in Aufregung versetzen, gehören vor allem unsere Meinungen. Vielleicht bist du der Meinung, dass es in der Welt gerechter zugehen sollte. Doch wie du natürlich weißt, trifft das nicht zu. Die Welt ist ungerecht: Manche leben in Saus und Braus, während andere hungern; manche scheinen in allem, was sie tun, Glück zu haben, während andere geborene Pechvögel sind – so zeigen sich die äußeren Umstände. Dein Wunsch nach Gerechtigkeit und die ungerechte Welt passen einfach nicht zusammen. Das, was ist, entspricht nicht dem, was »sein sollte«, oder anders gesagt: Das Ideal entspricht nicht der Wirklichkeit. Aus dieser Spannung entsteht Stress. Und dieser Stress führt zur seelischen Erregung, die wiederum dazu führt, dass du vom Weg der Gelassenheit abkommst und am Ende wütend, verärgert, frustriert oder niedergeschlagen bist.

Seine Gelassenheit zu verlieren geht leider ganz schnell. Dazu bietet unser Leben unzählige Gelegenheiten. Große Ereignisse sind da gar nicht nötig. Je stärker du dich an Dinge, an Geld, an wünschenswerte Gefühlszustände oder dein

Weltbild und deine Meinungen klammerst, desto schmerzhafter ist es, wenn es zu Reibungen kommt. Du kannst dir das ganz bildlich vorstellen: Stell dir vor, dass du auf einem Förderband stehst – es repräsentiert den Lauf der Welt. Wenn das Förderband so glatt wie Eis wäre, könntest du dich jederzeit irgendwo festhalten, zum Beispiel an einem Geländer, ohne dass es dadurch zu Problemen käme, denn dann gäbe es kaum Reibung zwischen dir und dem spiegelglatten Band. Es würde dir leichtfallen, dich festzuhalten. Je rauer das Band jedoch ist, desto anstrengender wird es. Und wenn es rau wie Sandpapier ist und du auch noch barfuß bist, brauchst du nicht nur sehr viel Kraft, dann tut es auch richtig weh, wenn du dich festhältst. Die Reibung, die dabei entsteht, reibt dich auf.

Wenn du dir die Welt nun wie ein solches Förderband vorstellst, das dich in die Zukunft befördert, solltest du dich darauf einstellen, dass es manchmal vollkommen glatt, manchmal ein wenig rau und manchmal mit Rasierklingen versehen sein wird. Das Beste ist, sich einfach mittragen zu lassen.

Deine Meinungen und Weltanschauungen gehören aber zu den Dingen, an die du dich vielleicht mit aller Kraft klammerst, während die Welt davon unbeeindruckt ihren Gang geht. Nun hast du ganz bestimmt gute Gründe für diese Meinungen. Und auch deine Weltanschauung hast du natürlich nicht etwa in der Lotterie gewonnen, sondern durch die Erfahrungen deines Lebens gebildet. Daher käme es uns auch gar nicht in den Sinn, dir zu raten, all das aufzugeben. Wenn du etwas nicht gut findest, dann versuch es zu ändern. Doch tu das trotzdem entspannt und gelassen, denn es ist nicht nötig, dich an deine Meinungen zu klammern – das ist das »Geheimnis«!

Nehmen wir einmal an, dass du sehr religiös bist. Und nun kommt jemand und spricht schlecht über deine Religion. Gut möglich, dass du dann wütend, ärgerlich oder traurig wirst; oder du gerätst in Streit oder erlebst zumindest in irgendeiner Weise inneren Unfrieden. Mach dir bewusst, dass der Grund für dein Unbehagen immer und einzig darin liegt, dass du festhältst und deine Ansichten äußerlich oder zumindest innerlich gegen andere verteidigst.

Natürlich geht es nicht darum, deine Religion aufzugeben. Deine Religion, dein Glaube, deine Ansichten – all das sind wichtige Teile von dir. Doch das heißt nicht, dass du mit anderen Religionen, Glaubensvorstellungen oder Ansichten in Konkurrenz treten und gegen sie kämpfen musst. Nicht einmal innerlich!

Wenn du nicht mehr festhältst, wirst du bei einem Angriff auf dein Weltbild auch keine Konflikte mehr erleiden, wirst weder Wut, noch Ärger oder Unfrieden spüren. Du siehst, wie die Dinge sind, und während du sie sein lässt, wie sie sind, wirst du erstaunt feststellen, dass sich vieles, was dich zuvor belastet hat, ganz von selbst löst. Du lässt dich »vom Fließband« tragen und veränderst einfach nur das, was nicht gut für dich ist. Du kannst andere ohnehin nicht durch harsche Worte oder Aggression überzeugen – und Aggression gegen dich selbst hilft schon gar nicht. Doch durch das, was du tust und wie du es tust, kannst du die Welt in dir und um dich herum allmählich verwandeln. Du folgst deinem Herzen. Und das ist etwas, das viel eher überzeugt (auch dich selbst!) als Aggression, Traurigkeit oder Angst.

»An seiner Meinung festhalten« ist eben etwas ganz anderes als »seinem Herzen folgen«. Das eine wird nur zu leicht zum Kampf gegen widersprechende Meinungen oder Umstände. Deinem Herzen zu folgen ist leicht. Du tust es einfach.

Den leichten Weg gehen

Den leichten Weg kannst du gehen, sobald es dir gelingt, dich nicht länger an deine Meinungen zu klammern und deinen Blickwinkel weiter werden zu lassen. Erst wenn du deine Widerstände aufgibst, kannst du dahin gehen, wohin dich dein Herz trägt – und das ist das Einfachste überhaupt.

Loslassen kann man üben. Sogar wenn es um die eigenen Meinungen geht. Prinzipiell ist das sogar mitten im Alltag möglich, wenn auch nicht leicht, da die Gewohnheit, »Stellung zu beziehen« und »seine Prinzipien zu haben«, tief sitzt.

Wenn du willst, kannst du aber auch dann und wann eine kleine Übung machen, die dir zeigt, wie es sich anfühlt, seine Meinungen, Glaubenssätze und Erwartungen nicht länger zu füttern.

Schließ einfach die Augen und stell dir vor, du lägest auf einer grünen Wiese, ein Bächlein plätschert, es ist angenehm warm und du fühlst dich rundum wohl. In deiner Vorstellung blickst du nun in den Himmel. Kleine Wolken ziehen vorüber. Die Wolken sind deine Meinungen, Urteile, Erwartungen oder das, woran du glaubst. Sieh sie einfach an und lass sie vorüberziehen oder schau dabei zu, wie sie sich langsam auflösen. Achte vor allem auf Gedanken, die mit »Ich finde ...«, »Meiner Meinung nach ...«, »Es sollte/darf nicht sein, dass ...« oder »Das/der/die ist nicht okay ...« anfangen. Betrachte sie als Wölkchen, die über den Himmel ziehen. Sie tauchen auf und verschwinden wieder. Sie sind da, doch sie sind ohne Bedeutung – wozu also festhalten? Du liegst einfach auf deiner Wiese und genießt es, in den Himmel zu blicken und sie ziehen zu lassen, wohin sie wollen. Und dabei entdeckst du, dass du zwar Gedanken *hast*, dass du jedoch nicht deine Gedanken *bist* ...

Bao hatte Niao, dem regenbogenbunten Vogel, gut zugehört. Und indem er der Übung folgte, begann er zu lächeln. Es fühlte sich so gut an, das Herz frei zu machen – Bao spürte, wie sein Kopf mit einem Mal ganz leicht wurde. Ja, vielleicht glaubte, beurteilte oder erwartete er immer noch dies oder das – aber das war ganz in Ordnung so. Würden die Dinge aber anders kommen, als sie seiner Meinung nach kommen sollten, so wäre das jedenfalls auch kein Problem mehr für ihn.

Niao schlug erfreut mit den Flügeln. »Du lernst ja sehr schnell, Bao. Willst du noch mehr erfahren?«

Bao nickte. »Ja, natürlich. Ich suche nach dem Geheimnis der Gelassenheit, und ich werde es finden. Ich weiß nicht, was kommt, aber das muss ich ja auch nicht.«

»Stimmt, das glaube ich auch«, antwortete Niao. »Du wirst das Geheimnis finden. Aber täusche dich nicht: Du hast noch ein ordentliches Stück des Weges vor dir.«

»Bestimmt hast du recht«, sagte Bao. Jetzt fühlte er sich doch etwas unsicher. »Aber ich sehe nicht mal, wo der Weg ist.«

»Ach, Bao, das musst du auch nicht. Lass dich führen!«

Bao nickte. Er hatte das Gefühl, Niao beinahe zu verstehen. Aber so ganz verstand er noch nicht. Niao musste das wohl an seinem Gesichtsausdruck gesehen haben, denn er fuhr fort: »Folge dem dunklen Weg in die verschlossenen Kammern deines Herzens, bring Licht hinein und räum die verstaubten Kammern auf.«

Bao runzelte die Stirn. »Die verstaubten Kammern?«

Niao piepste so, dass es wie ein Seufzen klang. »Sieh in dich hinein. Gibt es da nicht Stellen, wo du nicht so gern hinsiehst?«

Bao wurde sehr nachdenklich, seine Stirn warf Falten und sein Mund war zusammengekniffen. »Ja«, sagte er schließlich. »Tief *in mir ist noch Wut versteckt. Warum hat mich meine Familie nie gemocht? Warum haben sie mir nicht beigebracht, gelassen zu sein? Bao Bibberbrüll haben sie mich genannt!«*

Niao nickte. »Und obwohl sich all das bestimmt nicht schön anfühlt, hältst du es immer noch fest. Lass los, und du bist frei.«

Hast du schon einmal darüber nachgedacht, warum es uns manchmal so schwerfällt, den leichten Weg zu gehen und der Stimme unseres Herzens zu folgen? Oft steht uns dabei unsere Vergangenheit im Weg; genau genommen ist es aber gar nicht die Vergangenheit als vielmehr die Gewohnheit, die Gedanken immer wieder in die Vergangenheit zu lenken, statt in der Gegenwart zu leben. Wir holen in Gedanken die Vergangenheit ins Jetzt und machen sie zu unserer Gegenwart.

Was ist es, was auf deinem Herzen lastet? Vielleicht hegst du einen alten Groll? Oder Gefühle von Traurigkeit, Scham oder Verzweiflung steigen in dir auf? Alle diese »emotionalen Erinnerungen« machen dir ganz unnötig das Leben schwer, und sie machen es dir unmöglich, in dir zu ruhen. Darum tut es auch so unendlich gut, diese Dinge loszulassen.

Vielleicht weißt du das ja alles selbst, weißt aber nicht, wie du das mit dem Loslassen konkret angehen sollst. Eins ist schon mal klar: Einfach nur loslassen zu wollen reicht leider nicht aus. Auch hilft es dir nicht weiter, wenn du dich in deine Vergangenheit vertiefst – du hast dich gerade schon genug vertieft, als du kurz darüber nachgedacht hast, ob es einen alten Groll, ob es Verletzungen oder Traurigkeit gibt.

Häufig beginnen wir an diesem Punkt, ganz in unsere Vorstellung einzutauchen. Dann malen wir uns innerlich aus, wie schlimm uns von anderen Menschen oder vom Schicksal mitgespielt wurde, und empfinden die alten Verletzungen, den Ärger oder die Traurigkeit noch einmal aufs Neue. Man hört ja immer wieder, dass wir die Vergangenheit auf diese Weise »bewältigen« oder »aufarbeiten« könnten. Aber ganz ehrlich – ist das nicht eine recht seltsame Idee? Wenn ein Hundehaufen auf dem Bürgersteig liegt, wird er nicht hübscher dadurch, dass du dich auf die Knie niederlässt und deine Nase hineinsteckst. Und davon verschwindet er auch nicht.

Die eigenen unangenehmen Erfahrungen »aufzuarbeiten«, indem du das Unangenehme wieder und wieder erlebst, ist sehr ineffektiv. Daher solltest du dir zunächst bewusst machen, dass das Vergangene überhaupt nicht da ist! Erst deine eigene Erinnerung – nicht unbedingt an das äußerlich Vorgefallene, aber die damit verbundenen Gefühle – erzeugt die Vergangenheit im Jetzt.

Der Weg zur Gelassenheit führt über die Leichtigkeit. Immer wieder sollten wir versuchen, loszulassen und unser Herz leicht werden zu lassen. Durch Überlegen und Analysieren kommen wir kaum weiter, schon gar nicht, indem wir uns damit selbst quälen. Atem- und Entspannungsübungen sind hier schon viel effektiver. Und noch besser ist es, ganz gezielt vorzugehen – zum Beispiel durch das folgende Loslassritual.

Das Befreiungsritual

Nimm ein Blatt Papier und schreib alles auf, was dich momentan belastet. Einen Satz unter den anderen. So viel du willst. Auch wenn ein Satz kurz ist oder es sogar nur ein Wort ist – verteile die Aussage immer über die ganze Seitenbreite.

Zünde dann drei Kerzen an und stell sie nebeneinander auf. Eine steht für die Vergangenheit, eine für die Gegenwart und eine für die Zukunft. Nun zerreiße das Blatt, auf dem du deine Lasten niedergeschrieben hast, von oben nach unten in drei Streifen – sodass auf jedem Teil ein Stück jeder Belastung steht. Und jetzt verbrenn die drei Teile. Eines mit der Vergangenheitskerze, eines mit der Kerze der Gegenwart und eines mit der Kerze, die für die Zukunft steht. Sieh zu, wie sich das, was dich belastet hat, in Rauch und Asche auflöst: All diese Dinge sind nun für deine Vergangenheit, deine Gegenwart und deine Zukunft ohne jede Bedeutung. Du hast denen, die dir etwas angetan haben, vergeben – ohne Mühe. Das, was schlimm war, kann man nicht gutheißen – doch es ist leicht zu vergeben, wenn das Herz gar nicht mehr davon belastet ist.

Bao hatte von Niao das Befreiungsritual gelernt. Und nun saß er staunend da, mit einem breiten Grinsen im Gesicht.

»Das fühlt sich sehr erleichternd an«, jubelte er. Er hatte Tränen der Freude in den Augen. »Ach, Niao, ich würde dich am liebsten umarmen ... aber das lass ich wohl besser.«

Niao zwitscherte belustigt. »Ja, das wäre keine gute Idee. Ich freue mich, wie gut es dir geht. Aber weißt du: Du hast allen anderen vergeben – warum jetzt nicht auch noch dir selbst?«

Sich selbst zu vergeben ist manchmal noch viel schwieriger, als anderen zu vergeben. Denn die anderen sind schließlich nicht immer da oder sogar weit fort. Doch du selbst bist ja stets da – immer ganz nah bei dir. Du kannst dir nicht entkommen. Und daher ist alles, was du dir selbst nicht verzeihst, auch doppelt so schädlich für dich.

Es ist erstaunlich, was wir uns so alles vorwerfen: Wir sehen schlecht aus, wir wiegen zu viel, sind faul, haben keine Aktien gekauft, haben welche gekauft, haben die falschen gekauft ... haben uns vor unserem Kollegen blamiert, essen zu viel, schlafen zu lange und, und, und ... Sich selbst ständig »schuldig zu sprechen« hat jedoch dieselbe Wirkung, wie anderen etwas nachzutragen – nämlich eine zerstörerische. Natürlich gibt es schlechte Angewohnheiten oder Dinge, die du vielleicht lieber anders hättest. Vielleicht rauchst du, bewegst dich zu wenig oder verwirklichst nie die Pläne, die in dir schlummern. Dein Wunsch, dein Potenzial auszuschöpfen, ist sehr gesund, denn sonst könntest du dich nie weiterentwickeln. Doch wenn du dich selbst ermahnst, tadelst, beschimpfst oder dich gar hasst oder verachtest, so sind das sicher keine Schritte, die auch nur das Geringste verändern können – jedenfalls nicht in eine positive Richtung. Wie sollst du auch noch die Kraft aufbringen, motiviert und mit voller Energie zu handeln, wenn du dich ständig um deine echten oder vermeintlichen Fehler und Schwächen drehst? Stell dir vor, du würdest zu einer Freundin sagen: »Du bist fett, du bist faul, unattraktiv und schwach!« Einmal abgesehen davon, dass du das sicher nie tun würdest – was glaubst du wohl, wie lange eure Freundschaft noch währen würde? Nicht sehr lange, vermutlich ... Doch immerhin bestünde die winzige Chance, dass sie sich nicht sofort von dir abwendet, sondern nur lacht, weil sie davon überzeugt ist, dass du nur Spaß machst.

Doch wie sollte das bei dir selbst klappen? Wenn du dir alle möglichen negativen Dinge sagst, glaubst du die ja bereits und wirst dir kaum widersprechen!

Was immer du getan hast, was immer du versäumt hast, welche Fehler du auch gemacht hast und welche Schwächen du auch haben magst – lass es gut sein. Vergib dir selbst. Bleib gelassen. Was früher war, ist längst vergangen, und in jedem Augenblick fängt dein Leben neu an. Auch in diesem Augenblick ... Und in diesem ... Und auch jetzt ...

Bao blieb noch eine ganze Zeit bei Niao und übte sich darin, sich und anderen zu vergeben. Schließlich aber trieb ihn die Suche nach dem Geheimnis der Gelassenheit weiter; und Niao bestärkte ihn darin, sich wieder auf den Weg zu machen. Doch zuvor schrieb der kleine Panda noch auf ein Blatt:

Baos Bambusblattbibliothek

Meinungen und Ansichten hast du – aber es besteht kein Grund, sie festzuhalten: Sie halten dich davon ab, neue Wege zu erkennen.

Trage niemandem etwas nach – er wird es dir weder danken, noch wirst du dich besser fühlen.

Vergib dir selbst: So wirst du Freundschaft mit dir selbst schließen und mit Freude neue Wege einschlagen können.

Atmen und lächeln

*B*ao hatte ein paar anstrengende Tage hinter sich. Zunächst hatte er ein dürres Grasland überquert, dann einen See durchschwommen und nun hatte er sich auch noch in einem Bergwald verlaufen. War er nicht schon einmal an diesem dicken umgefallenen Baum vorbeigekommen? Hatte er sich tatsächlich verirrt? Er wurde nervös und spürte die alte Unruhe, Angst und auch Ärger in sich aufsteigen.

Er rief sich all die Dinge ins Gedächtnis, die ihn seine Lehrer während seiner Wanderung gelehrt hatten, und so gelang es ihm, einigermaßen ruhig zu bleiben. Er biss die Zähne zusammen und kämpfte sich bergauf. Solange es hinauf ging, wusste er wenigstens, dass er nicht im Kreis lief. Bao keuchte und brummte, so anstrengend war es auf dem steilen Weg. Noch anstrengender aber war die Unruhe in seinem Geist, die umso größer wurde, je sicherer er sich wurde, die Orientierung verloren zu haben.

Aus dem Geäst über ihm drang ein Lachen. Bao blickte auf und wollte schon zu schimpfen beginnen, als sich ein Äffchen an einer Liane hinabschwang und knapp über ihm kopfüber baumelte.

»Ja, sowas! So einen wie dich hab ich ja noch nie gesehen. Du hast ja ein ganz weißes Gesicht und so ulkige schwarze Ohren«, lachte das Äffchen. »He, guck doch nicht so ernst. Lächle, mein Lieber!«

Beinahe wider Willen musste Bao tatsächlich lächeln.

»Und atme! Atmen ist das Wichtigste!«, fuhr der Affe fort.

»Haha, sehr lustig«, entgegnete Bao. »Keine Sorge, das Atmen werde ich schon nicht vergessen, bei dieser Kletterei! Wer bist du überhaupt?«

»Ach, ich bin nur Hou-Tse – ein kleiner Affe ohne Ziel. Aber du bist offenbar einer, der es ganz eilig hat, an sein Ziel zu kommen, stimmt's? Lass mich raten: Du suchst ... du suchst ... nach dem Geheimnis der Gelassenheit!«

Bao war verblüfft und vergaß schlagartig allen Ärger und alle Anstrengung. »W-w-wie bitte? Woher weißt du denn das?«

»Nun, ich habe dich ein ganzes Weilchen beobachtet und gesehen, dass du schon einiges kannst ... Dich entspannen und ohne zu kämpfen über deine Angst siegen beispielsweise. Das ist gar nicht schlecht, wirklich. Ich muss schon sagen ... Aber ich rate dir trotzdem etwas: Wenn du nicht weiterkommst, dann probier's doch mal mit Atmen!«

Bao versuchte zu grinsen. »Ich atme doch sowieso dauernd!«

»Quatsch! Nicht du bist es, der atmet – es atmet dich!«

Dein Atem hält dich nicht nur am Leben und versorgt dich in jedem Augenblick mit neuer Energie, sondern er kann auch zu einem wichtigen Schlüssel zu mehr Gelassenheit und innerem Frieden werden. Vor allem dann, wenn du das Kunststück vollbringen willst – und es ist tatsächlich manchmal ein großes Kunststück – mitten im Alltag ganz schnell von Stress auf Ruhe umzuschalten, solltest du dich einmal mit deinem Atem befassen.

Ist dir bewusst, wie sehr der Atem mit deinen Stimmungen zusammenhängt? Beobachte dich einmal, wenn du dich aufregst: Was macht dein Atem dann? Wie atmest du, wenn du dich streitest oder wütend wirst? Und was macht dein Atem andererseits, wenn du dich freust oder ganz entspannt bist?

Unsere Sprache gibt uns bereits einige wichtige Hinweise darauf, wie sehr unser Atem und unsere Gefühle zusammenwirken: »Atemlos vor Angst sein«, »Da stockt einem der Atem«, »Seit ich den Stress los bin, kann ich wieder freier atmen« ... All das sind nicht nur dahingesagte Redewendungen, sondern sie beschreiben tatsächliche Vorgänge. An sich ist das ja auch klar: Wenn wir in Gefahr geraten, ist unser ganzer Körper angespannt – so sehr, dass das Atmen tatsächlich schwerfällt, da dann natürlich auch die Atemmuskulatur betroffen ist. In Schrecksituationen wird das noch deutlicher: Dann halten wir automatisch die Luft an. Und wenn der Stress dann wieder vergangen ist, entspannen sich alle Muskeln, und wir können wieder durchatmen. Das sind aber nur ganz grobe Beschreibungen. Tatsächlich reagiert der Atem nämlich selbst auf winzige Schwankungen in unseren Gefühlen und Stimmungen sehr sensibel. Und ebenso wie Ärger, Traurigkeit, Angst, Wut oder Enttäuschung, so hat auch die Gelassenheit ihren ganz eigenen Atem.

Bao staunte. »Es atmet mich? Hm, ja, stimmt irgendwie ... Ich tu eigentlich nichts.«

Hou-Tse schlug einen Salto in der Luft und landete neben Bao auf dem Waldboden. »Das ist schon einmal gut. Aber auch das, was ganz von selbst geht, geht manchmal ganz von selbst schief! Zum Beispiel, wenn du vom Baum fällst, geht das ganz von selbst – aber du kannst dir trotzdem alle Knochen brechen. Vor allem wenn du kein Affe, sondern ein Panda bist ...« Hou-Tse grinste breit.

Bao kratze sich am Kopf. »Ja, das Fallen geht von selbst. Das würde ich auch ohne Weiteres hinbekommen. Aber was kann ich nun mit dem Atem machen?«

»Tja, mein Lieber: Lauf doch mal dem Atem hinterher und sieh ihn dir genau an!«

»Dem Atem hinterherlaufen? Blödsinn. Wie sollte ich das machen? Und selbst wenn: Kommt man da nicht außer Atem?«

Hou-Tse schwang sich auf den Baum und lachte laut. »Nein, mein Lieber – ganz im Gegenteil: Du kommst in den Atem!«

Zum Glück funktioniert unsere Atmung vollautomatisch. Alles andere wäre ja auch ziemlich problematisch – stell dir nur einmal vor, du müsstest die ganze Zeit daran denken, weiterzuatmen. Da würde dir nicht mehr viel Zeit für etwas anderes bleiben. Und zum Schlafen kämest du natürlich auch nicht.

Der Atem kommt und geht ganz von selbst – das ist die gute Nachricht. Doch leider heißt das deswegen noch nicht, dass dein Atem mühelos und gelassen fließen kann. Jede stressige Situation, jede belastende Emotion kann dir im wahrsten Sinne des Wortes die Brust zusammenschnüren. Das Atmen wird dann so anstrengend, als würdest du dir ein dickes Kissen vor den Mund halten. Zwar kannst du immer noch atmen, aber es wird sehr mühsam.

Und wie ist das im Alltag, wenn nichts weiter los ist und sich weder kleinere noch größere Katastrophen ereignen? Dann wirst du den Atem im Normalfall gar nicht spüren.

Dennoch – deine alten Gewohnheiten und Anspannungen wirken sich trotzdem aus. Du merkst die Anstrengung nur deshalb nicht, weil du es nicht anders gewohnt bist.

Geht dein Atem wirklich ganz mühelos? Fließt er vollkommen harmonisch? Um das herauszufinden, ist es gut, einmal genauer hinzusehen – und dem Atem eben »hinterherzulaufen«.

Dazu musst du dich jedoch überhaupt nicht anstrengen. Ja du musst noch nicht einmal vom Sofa aufstehen ...

Dem Atem hinterherlaufen

Dem Atem zu folgen ist einfach. Schließ die Augen, spür genau hin. Folge dem Atemstrom mit deinem Bewusstsein.

Die Luft strömt über die Nasenlöcher und den Rachen in die Luftröhre, von da aus hinab, wo sie sich in die Bronchien verzweigt und dann in die Lungenflügel gezogen wird. Und beim Ausatmen fließt die Luft den umgekehrten Weg: aus den Lungen in die Bronchien, hinauf zur Luftröhre, über den Rachen und aus den Nasenlöchern hinaus.

Wenn du den Atemstrom an deiner Nasenöffnung beobachtest, wirst du wahrscheinlich feststellen, dass er beim Einatmen kühl und beim Ausatmen warm ist. Du kannst bei jedem Einatmen »ein« und beim Ausatmen »aus« denken. Oder du verfolgst den Atem einfach, ohne ihn zu benennen. Und natürlich musst du dich vorher nicht mit Anatomie befassen – viel wichtiger ist, dass du selbst ein Gefühl für den Weg bekommst, den dein Atem geht.

Wenn du deinen Atem auf diese Weise eine Weile achtsam beobachtest, wird er automatisch ruhiger und tiefer. Und mit dem tieferen Atem wird auch dein Körper ruhiger. Entspannt sich dein Körper, so kann wiederum auch dein Geist immer mehr zur Ruhe kommen, wodurch du der Gelassenheit wieder ein ganzes Stück näher gekommen bist. Doch eines ist dabei wichtig: All das passiert, ohne dass du dazu etwas »tun musst«. Im Gegenteil, je weniger du an deinem Atem veränderst, desto besser. Es reicht vollkommen aus, deine Aufmerksamkeit klar und sanft auf deinen Atemstrom zu lenken. Immer wieder …

Willst du jetzt noch ein kleines verblüffendes Experiment machen, das den Zusammenhang zwischen Atem, Körper und Geist zeigt? Das geht ganz einfach: Atme zunächst ganz normal durch die Nase und spüre, wie sich das anfühlt.

Dann verfolge deinen Atem. Doch diesmal nur auf einer Seite: Du stellst dir vor (in Wirklichkeit geht das natürlich nicht), dass du nur durch das linke Nasenloch einatmest, der Atem also nur auf der linken Seite durch die Luftröhre strömt, nur in die linken Bronchien und die linke Lunge gelangt. Und dann verfolgst du den Weg wieder zurück.

Mach zehn Atemzüge auf diese Art. Und dann atme wieder ganz normal und spüre, wie unterschiedlich sich nun deine Brust auf der linken und rechten Seite anfühlt. Wenn du die Übung gemacht (und nicht nur gelesen) hast, willst du sie bestimmt auch auf der anderen Seite probieren!

Bao hatte Hou-Tse nicht nur zugehört, sondern es auch längere Zeit ausprobiert, »dem Atem hinterherzulaufen«. Er spürte,
wie anders sich sein Körper und sein Geist nun anfühlten, und
staunte. »Komisch – ich habe tatsächlich das Gefühl, dass ich
allein dadurch, dass ich den Atem verfolge, viel leichter atme!«

Hou-Tse machte einen Purzelbaum und sprang auf einen Ast.
»Ja, genau so ist es! Wenn du öfter mal genau hinsiehst, was dein
Atem macht, wird er dir mehr Kraft schenken. Und jetzt denk
noch an eines: Nur das Ausatmen ist wirklich wichtig! Kannst
du dir das merken?«

Bao nickte. »Ja, klar, das ist ja nicht so schwierig.« Doch dann
runzelte er die Stirn, und der heitere Ausdruck verschwand mit
einem Mal aus seinem Gesicht. »Aber ... wozu eigentlich? Das
Einatmen gibt mir doch die Kraft und nicht das Ausatmen. Und
überhaupt: Wie soll es mir bei der Suche nach dem Geheimnis
der Gelassenheit helfen, mehr Kraft zu bekommen und mir komische Sätze zu merken?«

»Ach, du Brummbär«, lachte Hou-Tse. »Probier's doch einfach einmal aus. Stell dir vor, du erlebst gerade etwas Schlimmes und hast große Angst, bist wütend oder traurig ... Du wirst
schon sehen!« Und damit schwang er sich hoch in die Baumwip-
fel empor.

Bao blickte hinauf. Er wollte ihn noch so vieles fragen, aber
er hörte nur noch einmal aus der Höhe Hou-Tses Stimme rufen: »Denk nicht lange nach – probier es einfach aus! Das viele
Denken führt sowieso nie weiter.«

Bao stand unschlüssig herum. »Na ja«, dachte er sich schließlich, »warum eigentlich nicht? Schaden kann es ja sicher nicht.«

Bao lehnte sich an den Baum, schloss die Augen und stellte
sich vor, dass er eine tiefe Schlucht auf einem morschen Baum-

stamm überqueren musste, weil ein Tiger hinter ihm her war. Am Anfang klappte es nicht besonders gut, aber langsam wurde das Bild in ihm immer lebendiger. Bao begann zu zittern ... Oje, was mache ich jetzt? Er versuchte, seinen Atem zu beobachten, und wurde schon ein wenig ruhiger. Was hatte Hou-Tse gesagt? Das Ausatmen ist das Wichtigste? Bao blies alle Luft heraus. Und dann noch ein bisschen. Jetzt wollen wir doch mal sehen, dachte er, ob das Ausatmen wirklich so wichtig ist!

Wenn du Vertrauen in dein Leben hast, wirst du ganz automatisch gelassen sein. Um vertrauen zu können, musst du jedoch zuvor etwas loslassen – und zwar deinen Wunsch nach Kontrolle (oder zumindest einen Teil davon). Vertrauen bedeutet, nicht mehr kämpfen zu müssen – schon gar nicht gegen Dinge, die ja an sich nur in deiner Vorstellung existieren. Das Bedürfnis, dein Leben, dich selbst oder andere Menschen zu kontrollieren, erzeugt Widerstand gegen Dinge, die ohne dein Eingreifen geschehen. Tatsächlich kannst du nämlich viel weniger kontrollieren, als du vielleicht denkst. Wenn es dir jedoch gelingt, das Misstrauen loszulassen und das, was kommt, einfach kommen zu lassen, dann entsteht der Zustand der Gelassenheit ganz von selbst. Und wie ist das nun mit dem Atem? Siehst du den Zusammenhang? Oberflächlich betrachtet scheint dein Atem recht mühelos abzulaufen. Doch in belastenden Momenten versucht dein Unterbewusstsein, ihn zu kontrollieren: Wenn du dich beispielsweise bedroht fühlst, hältst du innerlich fest, dein Atem wird flacher, und du verspannst dich. Wenn du nun bewusst diese Kontrolle loslässt, vertieft sich deine Atmung wieder. Indem du nicht versuchst, vor deinen Gefühlen wegzulaufen, sondern dich ihnen achtsam zuwendest, fällt es dir leichter, zu Atem zu kommen und deinem Atem mehr zu vertrauen. Dadurch werden sich unnötige Spannungen auflösen, wodurch dein Atem noch tiefer fließen kann. Und so wird dein Atem wie ein großes Segelschiff sein, das dich in den Hafen der Gelassenheit trägt.

Atmen hängt also mit Vertrauen, Nichtkämpfen und Loslassen zusammen. Dem Atem ganz zu vertrauen befreit dich. Und dies wird dir noch viel besser gelingen, wenn du ein kleines »Geheimnis« berücksichtigst: die Bedeutung des Ausatmens!

Das Ausatmen ist eine natürliche Form loszulassen. Wenn du jedoch gezielt tief und gründlich ausatmest, bis es nichts mehr »abzugeben« gibt, befreist du deinen Körper und deinen Geist von Belastungen. Das Einatmen geschieht anschließend wie von selbst – es kostet keinerlei Kraft mehr.

Bewusst und tief ausatmen und das Einatmen einfach kommen lassen – das ist eine einfache Möglichkeit, neue Energie aufzunehmen und gleichzeitig wieder zur Ruhe zu kommen.

Du kannst deine Atmung wie einen »Rettungsring« benutzen, zu dem du in Stresssituationen greifst. Du regst dich auf? Ein Autofahrer hat dir die Vorfahrt genommen? Dein Partner hat dich dumm angeredet? Atme ganz tief aus. Du hast Angst? Du machst dir Sorgen, weil deine Tochter so spät immer noch nicht zu Hause ist? Atme tieeef aus. Du wirst von Traurigkeit geplagt, bist gerade von einem Menschen, dem du vertraut hast, enttäuscht worden? Atme tief aus. Am besten gegen den Druck deiner zusammengepressten Lippen. Dabei solltest du ein lang gezogenes »fff« erklingen lassen. Und wenn es die Situation erlaubt, dann wiederhole diese Technik unbedingt noch zwei oder drei Mal.

Einfache Methoden sind oft besonders wirkungsvoll. Das verlängerte Ausatmen ist so eine Methode – sehr einfach, aber sehr effektiv! Wann immer du also gestresst bist: Atme den Stress bewusst weg.

Bao übte sich in der Kunst, alles Schwere auszuatmen. Er probierte es immer wieder, denn die Übung war ja schließlich nicht schwierig. Je länger er sich auf das Ausatmen konzentrierte, desto leichter fiel es ihm, tiefer und tiefer auszuatmen, und er spürte, dass sein Atem dabei immer langsamer und weicher wurde. Das fühlte sich wirklich gut und wohltuend an.

Bao merkte gar nicht, dass Hou-Tse inzwischen wieder aus der Baumkrone herabgeklettert war. Er hatte gerade eingeatmet, da hört er Hou-Tse in sein Ohr flüstern: »Und nun tieeef aus. Folge dem Atem. Ja – so. Und jetzt lächle!«

Bao lächelte. Der Atem strömte ganz von selbst in seine Lungen. Da musste Bao loslachen, und Hou-Tse lachte mit ihm.

»Ist das nicht vorzüglich? Lass den Atem frei, lächle, und wenn du kannst, dann lache. So ist es unmöglich, weiterhin angespannt zu sein!«

Ja, Hou-Tse hatte vollkommen recht. Aber irgendetwas rüttelte an den Türen von Baos Bewusstsein – und auf einmal erinnerte er sich: Loslassen! Das war doch genau das, was ihn auch die anderen Meister, denen er begegnet war, gelehrt hatten. Er hatte es nur nicht so richtig verstanden. Doch jetzt hatte er es begriffen – denn er spürte es im Körper und im Herzen.

»Ich glaube, jetzt habe ich das Geheimnis der Gelassenheit endlich entdeckt!«

Hou-Tse lachte noch ein wenig lauter. »Ja, Bao, mein Lieber. Einen Teil davon bestimmt ... Aber ich glaube, du musst trotzdem noch ein ganzes Stück weitergehen!«

Bao war ein bisschen enttäuscht. »Wirklich? Was gäbe es denn noch, was ich lernen muss?«

»Es gibt noch so manche Lektion, die ich dich nicht lehren kann, da andere Meister sicher mehr darüber wissen«, sagte Hou-tse. »Doch was den Atem betrifft – selbst hier gibt es noch einiges, was du bisher noch nicht erfahren hast ...«

Aufregung ist nicht der einzige Grund dafür, warum es uns oft so schwerfällt, gelassen zu bleiben. Auch ein Mangel an Energie und das Gefühl, müde oder träge zu sein, führen dazu, dass wir unsere Gelassenheit verlieren. Denn gelassen zu sein ist kein Zustand der Trägheit, sondern der Harmonie und Klarheit. Fühlst du dich energiegeladen, kraftvoll und überlegen, wirst du weniger leicht aus der Fassung geraten, als wenn du dich schwach, energielos und unterlegen fühlst. Daher hat die Entwicklung der Gelassenheit immer auch viel mit der Entfaltung von Energie zu tun.

Auch hier kann dir dein Atem zu einem wertvollen Begleiter werden, denn er unterstützt dich nicht nur darin, Belastungen loszulassen, sondern schenkt dir auch sehr viel Energie.

Während sich die meisten der enormen Möglichkeiten des eigenen Atems kaum bewusst sind, haben die alten Meister des Yoga sein Potenzial schon vor Jahrtausenden erkannt. Bereits in den Upanishaden, den philosophischen Schriften des Hinduismus, werden Atemübungen als Hilfsmittel der Meditation beschrieben. Die Techniken werden als *Pranayama* bezeichnet – wobei es weniger um »Atemübungen« als vielmehr um die Kunst geht, die Lebensenergie mithilfe des Atems zu lenken.

Pranayama ist ein wichtiger Baustein des Yoga. Und letztlich geht es beim Yoga ja nicht darum, seinen Körper besonders gut verbiegen zu können, sondern darum, innere Klarheit, inneren Frieden und das Eins-Sein mit sich und der Welt zu erreichen. Es geht also genau um die Entwicklung jener Eigenschaften, die auch wichtig sind, um Gelassenheit zu erlangen. Ein wütender Yogi ist ebenso absurd wie eine Forelle im Abendkleid.

Nun musst du natürlich kein Yogi werden, um gelassen zu sein. Doch ein paar »Tricks« aus dem Yoga können dir durchaus dabei helfen, auch in schwierigen Situationen die Ruhe zu bewahren. Ein wichtiger Schritt auf diesem Weg besteht darin, den Atem richtig kennenzulernen. Die oben beschriebene Übung, bei der du den Atem verfolgst, hilft dir bereits dabei.

Doch du kannst noch einen Schritt weiter gehen: Indem du deinen Atem absichtsvoll, aber sanft veränderst, wird die Erfahrung noch intensiver. Wichtig ist, dass dir die drei Phasen des Atems in der folgenden Übung bewusst werden, nämlich das Ein- und Ausatmen sowie das Atemanhalten. Du wirst erkennen, dass sich jede dieser drei Phasen unterschiedlich auf Köper, Seele und Geist auswirkt.

Der Grund, warum es so hilfreich ist, den Atem genau kennenzulernen, ist einfach: Während du deinen Atem wahrnimmst, übst du zugleich, deine Gefühle wahrzunehmen. Pranayama-Übungen erhöhen die Sensibilität für die Situationen, mit denen du es tagtäglich zu tun hast. Daher kannst du den Atem wie ein »Frühwarnsystem« einsetzen: Wenn du lernst, auf deinen Atem zu hören, wirst du auch seine Botschaften nicht überhören. Dein Atem weiß genau, wann du anfängst, dich auch nur ein bisschen anzuspannen. Und wenn du lernst, auf ihn zu hören, kannst du »den Anfängen wehren« und dich sofort durch tiefes Ausatmen entspannen – und das lange bevor du aus der Haut fährst.

Anti-Stress-Pranayama

In dieser Pranayama-Übung erfährst du, wie es sich auf dich auswirkt, wenn du den Atem anhältst. Zwar wird die Übung, sofern du sie regelmäßig ausführst, dein Lungenvolumen vergrößern und dir mehr Kontrolle über deinen Atem geben – doch das sind nur »Nebenwirkungen«. Denn im Grunde geht es um etwas anderes: darum, deinen Atem zu benutzen, um deinen Körper und deine Gefühle besser kennenzulernen.

Setz dich aufrecht hin, sodass du einerseits bequem sitzt, andererseits aber auch so, dass deine Haltung deine Atmung nicht behindert. Schließ die Augen und entspann dich.

Atme tief aus und lass das Einatmen von selbst geschehen. Verfolge dabei einfach nur den Atemstrom, wie du es ja schon geübt hast. Lass deinen Atem allmählich immer ruhiger und tiefer werden. Atme dann dreimal bewusst tief aus, und lass den Atem jeweils frei einströmen.

Nun beginnt die eigentliche Übung: Atme noch einmal gründlich aus … lass den Atem dann wieder entspannt in deine Lungen strömen. Versuch nicht, besonders tief einzuatmen, sondern lass dem Einatmen einfach seinen natürlichen Lauf. Und jetzt: Halt den Atem an.

Beobachte, was geschieht. Vielleicht wird dir ein wenig schwindlig. Das macht nichts – doch wenn es dir wirklich unangenehm ist, dann atme einfach wieder tief aus.

Wenn du hingegen kein Problem damit hast, den Atem anzuhalten, dann probier einmal, wie sich dein Körper anfühlt und was deine Gefühle machen, während du nicht weiteratmest. Spannt sich etwas in dir an? Wirst du nervös? Oder gelingt es dir, auch mit angehaltener Luft locker zu bleiben? Nimm einfach nur achtsam wahr, was sich verändert.

Atme aus, sobald es anfängt, anstrengend zu werden.

Beobachte anschließend, wie sich Aus- und Einatmen nach dem Atemanhalten anfühlen. Atmest du tiefer? Langsamer? Schneller? Bewusster?

Wiederhole diese Übung mindestens dreimal.

Nimm dir nach der Übung noch ein wenig Zeit. Atme ganz natürlich. Fühlt sich dein Atem jetzt anders an? Oder kannst du wahrnehmen, dass du nun mehr Energie zur Verfügung hast – oder vielleicht sogar, dass deine Gedanken und Gefühle durch die Übung ruhiger geworden sind?

Setz dich nicht unter Druck! Manchmal wirst du Veränderungen deutlich spüren, manchmal wirst du vielleicht auch das Gefühl haben, dass die Technik gar nichts verändert hat. Wie es auch ist – es ist in Ordnung. Es geht nicht darum, Dinge zu verändern, sondern darum, sie achtsamer wahrzunehmen – und das gilt übrigens nicht nur für das Atmen, sondern für alle Wege, die zu mehr Gelassenheit führen.

Bao blieb ein paar Tage bei Hou-Tse und lernte die Geheimnisse des Atems kennen. Eine neue Kraft durchströmte ihn, und er wäre gern noch länger geblieben. Doch der kleine Affe schickte ihn weiter: »Bao, du hast zwar noch lange nicht alles über den Atem gelernt, doch immerhin all das, was du auf deiner Suche brauchst. Der beste Lehrer für dich ist nun Naka-Naka, das Krokodil. Aber du musst aufpassen und mutig sein. Manchmal hat die Suche nach Gelassenheit auch viel mit Mut zu tun ...«

Hou-Tse beschrieb Bao den Weg zu seinem nächsten Lehrer und gab ihm ein paar Vorsichtsmaßnahmen mit auf den Weg, die Bao nicht gerade beruhigten – doch er atmete einfach ein paar Mal tief durch und marschierte los.

Zuvor schrieb er noch auf ein Blatt:

Baos Bambusblattbibliothek

Beim Atmen ist das Ausatmen wichtig, denn das Ausatmen hilft dir, Ballast loszulassen und in deine Mitte zu finden. Das Einatmen geschieht von selbst.

Lächeln macht dich immer ein klein wenig froher und gelassener.

Lern deinen Atem kennen und du lernst dich selbst kennen – deinen Körper, deine Gefühle, deine Gedanken.

Wenn du es verstehst, deinen Atem zu lenken, sammelst du deine Kraft. Ist die Kraft gesammelt, so ist die Ruhe im Inneren leicht zu erlangen.

Geduld, Geduld

Hou-Tse hatte Bao eingeschärft, dass er sich der Bucht vorsichtig nähern und Naka-Naka laut und deutlich zurufen solle, dass ihn Hou-Tse geschickt habe.

Bao merkte schon bald, dass das ein guter Rat war. Er ging langsam ans Ufer und wollte gerade rufen, als ein riesiges geöffnetes Maul mit vielen, vielen scharfen Zähnen die glatte Wasseroberfläche durchbrach. Bao machte einen Satz zurück und entging nur knapp dem zuschnappenden Kiefer. Und das Krokodil macht bereits Anstalten, einen zweiten Versuch zu unternehmen.

»Halt! Hou-Tse hat mich geschickt!«, rief Bao laut. Und tatsächlich wurde das Krokodil sofort ruhig. »Ich soll dich von ihm grüßen. Ich bin Bao und auf der Suche nach dem Geheimnis der Gelassenheit, und Hou-Tse sagte mir, dass du mich etwas Wichtiges lehren kannst und ...«

Naka-Naka ließ ein tiefes Brummen ertönen. »Kleiner, wenn du auf der Suche nach Gelassenheit bist, dann beginnst du am besten mal damit, dich zu beruhigen. Wenn du ein Freund von Hou-Tse bist, werde ich dich schon nicht auffressen ... Obwohl du ja schon lecker aussiehst.«

Bao war für seine Verhältnisse und gemessen an der Tatsache, dass er beinahe im Magen eines Krokodils gelandet wäre, ziemlich ruhig geblieben. Er beruhigte seinen Atem noch weiter und sah das Krokodil etwas skeptisch an. »Hm, danke. Was kannst du mich denn lehren? Pandas fressen?«

Naka-Naka blinzelte. »Nein. Aber sag mir: Wie kann es sein, dass ich dich fast erwischt hätte, obwohl du doch vorgewarnt warst?«

Bao überlegte. »Weil ich zu ungeduldig war. Ich hätte die Bucht wohl noch ein Weilchen länger beobachten sollen, bevor ich mich ihr genähert habe.«

»Siehst du – und genau das unterscheidet uns: Ich habe dich fast erwischt, weil ich kein bisschen ungeduldig war, sondern ruhig abgewartet habe. Wärst du nicht gewarnt gewesen, so wärst du mein Frühstück geworden. Geduld ist, was ich dich lehren kann.«

»Ich bin aber nicht besonders geduldig!«

»Nur Geduld – das kommt schon …«

Geduld ist etwas sehr Wertvolles. Aber kann man Geduld denn wirklich üben? Da beißt sich doch die Katze in den Schwanz: Du sollst geduldig üben geduldig zu sein? Und was, wenn du dafür zu ungeduldig bist?

Kein Problem – das macht nichts. Geduld kannst du nämlich trotzdem jederzeit entwickeln. Die Frage ist nur: Willst du das auch wirklich? Willst du »geduldig« werden? Das klingt ja erst mal ziemlich anstrengend. »Geduld« hängt schließlich mit dem Begriff »erdulden« zusammen. Und in unserem Leben müssen wir schon genug erdulden – im Job, in unserer Beziehung oder an verregneten Urlaubstagen …

Es gibt jedoch einige Synonyme für das Wort »Geduld«, die besser zeigen, worum es bei dem Ganzen tatsächlich geht: etwa »Durchhaltevermögen«, »Ausdauer« oder »Dabeibleiben«. Wenn es dir gelingt, bei den Dingen und Situationen zu bleiben, mit denen du es in deinem Leben zu tun hast, wird es dir auch sehr viel leichter fallen, gelassen zu bleiben. Weglaufen ist nie die richtige Methode, wenn es darum geht, die Ruhe zu bewahren. Etwas durchzuhalten, durchzustehen oder – so wie es Meditierende üben – »durchzusitzen« ist oft die einzige Möglichkeit, Probleme dauerhaft zu lösen und dabei gelassen zu bleiben.

Wenn du dein geduldiges Durchhaltevermögen trainieren willst, gibt es dazu drei Methoden:
1. Durch kleine, ja oft sogar winzig kleine Schritte, mit denen du das bisschen Geduld, das du hast, nicht überstrapazierst. Sobald etwas nervt und keinen Spaß mehr macht, kann man ja sowieso nicht gut lernen. Aber um kleine Strecken zurückzulegen, brauchst du fast gar keine Geduld. Und trotzdem entwickelt sie sich bei jedem Schrittchen ein bisschen mehr.
2. Durch Freude an dem, was du tust. Am allerbesten kannst du deine Geduld nämlich bei Dingen üben, die dir Spaß machen und bei denen du gern geduldig bist. Wenn du nicht kämpfen musst, musst du auch kaum etwas erdulden.
3. Durch Einsicht. Indem du dir klarmachst, wozu Ungeduld führt und wozu Geduld führen würde, wird dir die Wahl sicher leichter fallen. Und wie du gleich sehen wirst, gibt es fast nichts, was man durch Geduld nicht erreichen könnte.

Um irgendetwas wirklich richtig gut zu können, braucht man Geduld beziehungsweise Durchhaltevermögen. Der Psychologe Anders Ericsson entdeckte die bekannte »10 000-Stunden-Regel«. Sie besagt, dass es eine nahezu konstante Größe gibt, um in etwas wirklich sehr, sehr gut zu sein – man muss sich etwa 10 000 Stunden damit befassen. Ob du nun eine Sprache erlernen, ein Musikinstrument bis zur Konzertreife beherrschen oder auf höchstem Niveau Jonglieren oder Programmieren können willst – nach rund 10 000 Stunden Übung wirst du ein Meister in deiner Disziplin sein.

Wie alle Regeln, die für alle gelten sollen, ist natürlich auch diese mit Vorsicht zu genießen. Denn selbstverständlich gibt es beispielsweise in Musik, Mathematik oder Sport immer auch herausragende Talente, die mit weit weniger Zeit auskommen. Und bestimmt gibt es auch eine Art von »Gelassenheitstalent«, das Menschen haben, die schon mit Nerven wie Drahtseilen geboren wurden. Doch darum geht es nicht: Ericsson wollte nichts anderes sagen, als dass jeder Mensch grundsätzlich fast alles erreichen kann. Und mit 10 000 Stunden Übung wird man zum Spitzenkönner – ob als Pianist, Programmierer, Bürokauffrau oder Zen-Mönch. Talent wird ziemlich überschätzt. Viel entscheidender sind

Geduld und Beharrlichkeit. Und natürlich ist die Praxis dabei das Entscheidende. Selbst Mozart hat seine Geige wohl so einige Stündchen in der Hand gehabt, bevor er in der Lage war, Violinkonzerte zu spielen oder zu komponieren.

10 000 Stunden – das klingt vielleicht wie eine kleine Ewigkeit. Doch nichtsdestotrotz soll dir die 10 000-Stunden-Regel Mut machen. Denn selbst dann, wenn du etwas lernen willst, das dir gar nicht liegt, wirst du nach fünf Jahren doch ein Meister darin sein, vorausgesetzt, dass du sechs Stunden täglich übst.

Sechs Stunden am Tag – und das fünf Jahre lang! Ist das nicht wahnsinnig viel? Kommt drauf an, wie man es sieht: Es geht hier ja nicht darum, etwas nach dieser Zeit »recht gut« zu können, sondern dass du es bis dahin wirklich absolut perfektioniert hast. Wenn es dir hingegen nur darum geht, etwas recht gut zu beherrschen, so schaffst du das auch in sehr viel kürzerer Zeit.

Ob du deinen Körper trainierst, dich mit Geschichte oder Literatur beschäftigst oder es dir darum geht, innere Ruhe zu entwickeln – sobald du bereit bist, auch nur ein Jahr lang eine Stunde täglich zu üben, wird der Unterschied zu heute gewaltig sein! Doch das klappt natürlich nur, wenn du dabeibleibst – oder mit anderen Worten: wenn du ein wenig Geduld aufbringst.

Geduld erfordert, dass wir auch dann dranbleiben, wenn wir nicht gleich eine Belohnung oder ein Feedback für unser

Tun bekommen. Dazu müssen wir in größeren Zusammenhängen denken und einen langen Atem haben. Doch genau das ist in unseren hektischen Tagen leider ganz schön schwer geworden. Heute muss ja alles so schnell wie möglich gehen. Die Zeit, in der Briefe ein paar Tage brauchten, bis sie den Empfänger erreichten, sind längst vorbei. Und wer schreibt heute überhaupt noch Briefe, wo es doch E-Mails gibt?

Dass eine Nachricht in nur wenigen Sekunden beim Empfänger ankommt, ist an sich eine tolle Sache – doch es gibt auch eine Kehrseite. Wer die Flut an Mails in seinem Posteingang nicht innerhalb kürzester Zeit beantwortet, gilt als unhöflich. Viele Menschen versuchen daher, bei ihrer Arbeit einen Geschwindigkeitsrekord nach dem anderen zu brechen. Dabei zeigen Studien, dass Hektik gar nicht effektiv ist; wer sich abhetzt, arbeitet nicht etwa schneller, sondern langsamer als jemand, der gelassen bleibt und sich konzentriert.

Sicher weißt du selbst ganz gut, wie es sich anfühlt, immer mehr »Gas zu geben« und doch nicht recht von der Stelle zu kommen. Stattdessen wirst du nur nervöser, verwirrter oder du verzweifelst sogar.

»Wenn du schnell ans Ziel kommen willst, dann mach einen Umweg.« Dieses Sprichwort zeigt, worum es wirklich geht: nicht um Tempo, sondern um Entschleunigung; nicht um bloßen Aktionismus, sondern um gelassenes Handeln. Und hier kommt wieder die Geduld ins Spiel: Ohne Geduld kannst du nämlich keine Gelassenheit erreichen, denn was funktioniert schon sofort und auf Anhieb?

Sich Zeit zu nehmen und einen Gang zurückzuschalten erfordert Mut. Und wenn du es gar »wagen« solltest, dir mehr Zeit für dich selbst zu nehmen, wirst du erst recht auf Gegenwind und lange Gesichter treffen. Das macht aber nichts. Am Ende zählt nicht, was andere sagen, sondern dass du freundlich und geduldig mit dir umgehst. Und wenn du dir das zugestehst, wirst du nicht nur selbst glücklicher und ausgeglichener werden, sondern du wirst den Menschen um dich herum auch sehr viel mehr geben können. Gefühle sind bekanntlich ansteckend – und Gelassenheit ist es auch.

Abwarten und Tee trinken

Mehr Geduld mit dir und anderen zu haben kannst du im Alltag gut üben. Gelegenheiten dazu bieten sich ja in Hülle und Fülle. Und das nicht nur, wenn du im Stau stehst oder mit deiner Schwiegermutter telefonierst. Selbst bei einfachen Tätigkeiten wie Abspülen, Bügeln oder Aufräumen kannst du entweder hektisch oder aber geduldig vorgehen. Ja, sogar beim Zähneputzen macht deine innere Haltung einen großen Unterschied – bist du in Eile oder putzt du wirklich deine Zähne, ohne gedanklich schon drei Schritte weiter zu sein?

Eine schöne Möglichkeit, geduldiger zu werden, bieten Zeremonien – erst recht wenn sie auch unsere Sinne anregen. Bestimmt hast du schon einmal von der Teezeremonie gehört, die in Asien verbreitet ist. Dieses Ritual wirkt auf westliche Menschen oft erst einmal befremdlich. Doch sie hat genau das zum Ziel, was du anstrebst: Gelassenheit.

Besonders bekannt ist *Cha-no-yu*, die Teezeremonie Japans. Diese Zeremonie ist recht kompliziert und erfordert einen Teemeister. Doch das ist alles nicht so wesentlich. Du kannst auch ohne allzu großen Aufwand regelmäßig eine kleine Teezeremonie abhalten und dabei den Lärm der Welt vergessen, deinen Geist zentrieren und innere Ruhe finden.

Sorge für eine friedliche Atmosphäre. Es wäre gut, wenn du zwanzig Minuten ganz ungestört sein kannst. Der Tisch, an dem du den Tee zubereitest, sollte frei von Zeitschriften, Papierkram und Ähnlichem sein. Wenn du willst, kannst du das Licht ein wenig abdunkeln oder es durch eine Kerze ersetzen. Auch eine passende Musik kann hilfreich sind – doch lass sie ganz im Hintergrund. In diesem Zeitraum geht es einzig und allein um das Zubereiten und Trinken des Tees.

Allein beim grünen Tee gibt es mehr als fünfzig bekannte Sorten, von denen es jeweils noch einmal zahllose Varianten gibt. Sich damit zu beschäftigen ist für sich schon eine Übung in Geduld. Und es ist spannend, die unterschiedlichen Geschmacksrichtungen kennenzulernen. Doch letztlich ist es nicht so wichtig, welchen Tee du trinkst. Wichtiger ist, dass du ihn genießt – und dass es loser Tee ist, also kein Teebeutel.

Je entspannter du während des Teerituals bist, desto tiefgreifender sind die Wirkungen. Achte daher darauf, dass du bequem sitzen kannst und dass alles vorbereitet ist: Tee, Teekännchen, Filter, vielleicht Honig, ein Teelöffel und nicht zuletzt das heiße Wasser.

Setz dich bequem hin. Nimm dir kurz Zeit, ganz im Augenblick anzukommen. Bereite den Tee nun langsam und achtsam zu. Achte auf jede Bewegung und führe sie bewusst aus.

Sobald du den Tee aufgegossen hast, solltest du dich zunächst auf deinen Geruchssinn konzentrieren. Kannst du das Aroma des Tees riechen? Löst der Duft bestimmte Gefühle in dir aus? Nachdem der Tee lange genug gezogen hat, kannst du die Tasse eine Weile in der Hand halten. Spür die Wärme, den Kontakt der Haut mit der Tasse. Versuch, sie möglichst ruhig zu halten, und beobachte, ob auch in deinem Inneren Ruhe oder eher Unruhe herrscht.

Beim Trinken solltest du kleine Schlucke nehmen und jeden Schluck eine Zeit lang im Mund behalten, um auch feine Geschmacksnuancen wahrzunehmen. Genieß jeden Augenblick, und lass das Teetrinken so zu einer Meditation werden.

Wenn du gern etwas geduldiger werden möchtest, kommst du mit Denken oder gar Grübeln kaum weiter. Viel wichtiger sind dein Handeln und die Art und Weise, wie du die Dinge tust, die du tust.

Wenn du achtsam und ruhig handelst, kannst du dadurch auch deinen Geist augenblicklich von Unruhe befreien. Dazu musst du nicht Tai-Chi, das chinesische »Schattenboxen«, lernen, denn du kannst deine Bewegungen auch im Alltag verlangsamen und Stressmuster auf diese Weise regelmäßig durchbrechen. Das funktioniert sogar beim Gehen: Geh zwischendurch einfach einmal eine kurze Strecke langsam und entspannt.

Was immer zu tun ist, tust du einfach. Und was später noch zu tun oder zu »erledigen« ist, solltest du auf einen Zettel schreiben. Du vergisst es dann nicht mehr, musst es aber auch nicht ständig im Kopf herumkreisen lassen.

Da uns Geduld nicht in den Schoß fällt, brauchen wir Methoden, um sie gezielt zu entwickeln. Eine wirkungsvolle Methode besteht darin, die Kraft der Worte zu nutzen. Durch kleine Mantras – konzentrierte Sätze, die dabei helfen, alte Gewohnheiten umzuprogrammieren – kannst du leichter Geduld entwickeln. Folgender Satz ist hier sehr hilfreich:

»Ich lasse den Dingen ihre Zeit.«

Wiederhole diesen Satz innerlich immer wieder, bis er deinen Geist ganz durchdrungen hat. Vor allem in Augenblicken, in denen du die Ruhe verlierst, solltest du dich an diesen Satz erinnern. Du kannst die Wirkung noch verstärken, indem du tief ausatmest, während du den Satz denkst. Und dann – komm wieder ganz zurück zu dem, was du gerade tust. So entwickelst du Geduld mit dir und anderen.

Aber ist das nicht zeitaufwendig? Keine Sorge, du kannst keine Zeit verlieren – die Zeit ist immer da, genauso wie der Himmel. Sie kann nur mehr oder weniger sinnvoll erfüllt sein.

Hier sind einige sinnvolle Möglichkeiten, wie du deine Zeit verbringen kannst:

* Tu, was dir Freude macht.
* Staune über das Schöne und Seltsame in dieser Welt.
* Lerne Neues. Erweitere deinen Horizont.
* Verankere dein Bewusstsein im Jetzt.
* Kultiviere friedvolle Gedanken und Gefühle.
* Triff dich mit Menschen, die du liebst.

Und hier folgt eine kleine Auswahl von Tätigkeiten, die sich gut dazu eignen, deine kostbare Lebenszeit zu verschwenden:

* Lass die Gedanken ständig um dieselben Themen kreisen.
* Grüble über Probleme nach.
* Rede schlecht über andere.
* Sorge dich um deine Zukunft und die des Planeten.
* Verurteile dich selbst und erinnere dich immer wieder an deine Fehler.

* Tu Dinge, die zwar auf den ersten Blick angenehm sind, dich letztlich aber nicht erfüllen.
* Triff dich mit Menschen, die dir auf die Nerven gehen oder dir deine Energie rauben.

Wenn du in einer Schlange im Supermarkt stehst, kannst du dich ärgern, dass du Zeit verlierst. Du kannst ständig auf die Uhr schauen und unruhig zu den Schlangen an den anderen Kassen blicken, wo es ja scheinbar immer schneller geht als in der eigenen. Spaß macht das jedoch nicht. Wie wäre es mit einer »Gelassenheitsalternative«? Wiederhole innerlich das Mantra »Ich lasse den Dingen ihre Zeit.« Sprich den Satz innerlich langsam, und atme gleichzeitig tief und bewusst.

Während du in der Schlange stehst, kannst du die Gesichter der Menschen beobachten; du kannst in dich hineinhorchen und deinen inneren Selbstgesprächen lauschen; du kannst dir deines Körpers bewusst werden, deine Füße spüren oder prüfen, ob deine Schultern entspannt sind, wie du dastehst und ob sich eine andere Haltung womöglich besser anfühlt ... Lass einfach den Dingen ihre Zeit.

Bao hatte von Naka-Naka eine Aufgabe bekommen. Er sollte einfach nur eine Blume in der Hand halten – Baos Aufgabe war es, Geduld zu bewahren und zu warten, bis sich eine Biene auf der Blume niederließ.

»Das ist leicht, hier summen ja überall Bienen herum«, dachte sich Bao. Nach einer Viertelstunde dachte er: »So leicht ist es wohl doch nicht.« Und nach einer Stunde überlegte er, ob die Aufgabe nicht viel zu schwer für ihn sei. Immer wieder waren Bienen vorbeigeflogen. Dreimal hätte sich eine beinahe auf seine Blume gesetzt – doch vielleicht hatten sie Baos nervöses Zittern bemerkt; jedenfalls waren sie dann doch weitergeflogen.

Bao wurde immer nervöser. Er wiederholte das Mantra, das ihm Naka-Naka empfohlen hatte: »Ich lasse der Biene ihre Zeit.« Doch auch wenn er dadurch nach einer Weile etwas ruhiger wurde – die Unruhe kam doch immer wieder zurück.
Naka-Naka schob seinen langen Kopf aus dem Wasser und beobachtete Bao ein Weilchen. Dann knurrte er: »Bao, was erwartest du eigentlich?«

Es sind nicht selten unsere Erwartungen, die uns daran hindern, geduldig zu reagieren. Darum solltest du immer wieder einmal einen genauen Blick auf deine jeweiligen Erwartungen werfen beziehungsweise darauf, inwiefern sie es dir schwermachen, entspannt zu bleiben.

Warum sind Erwartungen eigentlich so wichtig? Nun, wenn du etwas erwartest, nimmst du die Zukunft in deinem Geist voraus. Das Problem ist nur: Leider nimmst du dabei nicht etwa die Zukunft voraus, wie sie tatsächlich sein wird, sondern wie sie *vielleicht* sein könnte.

Für deine Erwartungen hast du natürlich gute Gründe: deine Erfahrungen, deine Intuition oder auch Logik. In vielen Fällen kannst du dich ja auch tatsächlich gut auf sie verlassen: Wenn du über die Straße gehen willst und siehst, dass ein Auto angerast kommt, bleibst du augenblicklich stehen; du erwartest nicht, dass das Auto sich plötzlich in Luft auflöst oder dass dich ein Engel vor Schaden bewahrt. Wenn du den Lichtschalter betätigst, erwartest du, dass das Licht angeht. Und wenn nachts ein Maskierter mit einem Messer aus dem Gebüsch springt, erwartest du, dass er nicht besonders freundlich zu dir sein wird, und rennst weg. All das ist dir so klar, dass du dir dabei überhaupt nicht bewusst bist, wie oft Erwartungen dein Handeln bestimmen. Das Vorwegnehmen der möglichen Zukunft auf der Basis von Erfahrungen oder Intuition ist manchmal sogar überlebenswichtig.

Doch so großartig diese Fähigkeit auch ist – manchmal sind Erwartungen eine Qual. Sie erzeugen eine Menge Unruhe in unserem Geist. Und abstellen lassen sie sich nicht so leicht. Auch wenn es noch so unnötig oder manchmal sogar schädlich ist, sich eingebildete Zukunftsszenarien auszumalen.

Nehmen wir an, du erwartest, dass deine Kollegin unfreundlich sein wird, wenn du morgen in die Agentur kommst, da sie neidisch auf deinen jüngsten Erfolg ist. Zum einen wirst du dir dann im Vorfeld sicher viele Gedanken machen und vielleicht sogar unruhig schlafen. Zum anderen aber erhöht sich durch deine Annahme die Wahrscheinlichkeit, dass deine Kollegin tatsächlich unfreundlich sein wird. Hast du schon einmal von »selbsterfüllenden Prophezeiungen« gehört? Das Prinzip ist einfach: Allein durch deine Erwartungen kannst du tatsächlich die Zukunft beeinflussen. Denn bei der Erwartung bleibt es ja nie: Du wirst dich immer entsprechend deinen Vermutungen verhalten und damit auch in deiner Umwelt genau das anziehen, was du befürchtest. Wenn du zum Beispiel erwartest, einen Unfall zu haben, wirst du dich angespannter bewegen, und mit höherer Wahrscheinlichkeit wird dir etwas zustoßen. Erwartest du, dass andere schlecht über dich reden, wirst du ihnen gegenüber nicht mehr offen sein. Das wiederum kann leicht dazu führen, dass die anderen dich dann tatsächlich ablehnen.

Sofern es dir nicht (gleich) gelingt, dich von deinen Erwartungen zu befreien, solltest du dich zumindest auf das Positive ausrichten. Anders gesagt: Wenn du überhaupt etwas erwartest, dann erwarte wenigstens, dass gute Dinge geschehen. Doch Vorsicht – selbst dadurch kannst du deine Gelassenheit aufs Spiel setzen ...

Bao sagte: »Ich erwarte, dass ich endlich vollkommen gelassen bin, sodass sich die Biene endlich auf die Blume setzt und die Übung vorbei ist.«

»Was erwartest du von deiner Zukunft?«

»Dass ich die Gelassenheit und meine Familie finde.«

»Und dann?«

»Ja, dann bin ich glücklich! Ich werde von meinen Lieben in die Arme geschlossen. Vielleicht werde ich MiMi, das Pandamädchen heiraten, wer weiß?«

Naka-Naka grinste breit, was ein wenig gruselig aussah. »Dann beschreib doch mal, was du vom Leben mit ihr erwartest!«

»Sie wird mich glücklich machen, denn sie ist die Süßeste der Welt. Wir werden uns immer an den Händen halten und unsere Babys werden etwas ganz Besonderes sein. Wenn wir alt sind, werden wir uns immer noch lieben wie am ersten Tag und ...«

»Jaja«, knurrte Naka-Naka. »Und eines Tages werden euch Flügel wachsen!«

Erwartungen hindern uns daran, den Dingen ihren Lauf zu lassen. Solange wir »auf etwas warten« fällt es uns schwer, loszulassen, sich zurückzulehnen und das Leben einfach kommen zu lassen, wie es kommt. Im »Wartemodus« neigen wir stattdessen eher dazu, öfter mal auf die Uhr zu schauen, unruhig mit den Füßen zu scharren und uns zu ärgern, dass die Zeit so langsam vergeht. Und wenn wir dann erst vor vollendeten Tatsachen stehen, die so gar nicht unseren Erwartungen entsprechen, also dem, worauf wir gewartet haben, dann ist es um unsere Gelassenheit erst recht geschehen.

Es gibt aber noch ein Problem: Erwartungen neigen immer zur Übertreibung. Und das führt zu Problemen. Entweder malst du dir etwas Schreckliches aus, was dann aber doch nie so schrecklich wird wie erwartet. Damit hast du dir dann »nur« die Gegenwart verdorben. Oder aber du malst dir etwas in den schönsten Farben aus – so wunderbar, dass die Realität keine Chance hat, dem gleichzukommen. Besonders, was die Erwartungen an andere Menschen oder gar einen zukünftigen Partner betrifft, ist das fatal. Solange du darauf hoffst, dass die Wirklichkeit – oder dein künftiger oder jetziger Partner – deinen Erwartungen entspricht, kannst du nicht gelassen sein. Du bist dann ständig damit beschäftigt, die Realität an deinen Vorstellungen zu messen, was ganz schön anstrengend und letztlich natürlich auch enttäuschend ist. Davon einmal abgesehen, tust du aber auch dem anderen unrecht, denn jeder Mensch ist einzigartig. Wie auch immer das Bild aussieht, das du von deinem Partner hast, er oder sie kann nie hineinpassen ...

Es heißt ja oft, dass etwas leichter gesagt als getan ist. Das mag schon sein. Auf jeden Fall aber ist vieles oft sehr viel leichter getan als gedacht. Durch negative Erwartungen können wir eine Menge Ballast anhäufen. Was wir uns schwierig oder gar unmöglich vorstellen, wird es auch sein, solange wir es nicht einfach geduldig tun.

Wenn du grübelst und dir fantasievoll die Schwierigkeiten und Probleme vorstellst, die du wirst überwinden müssen, legst du deine Motivation in Fesseln. Nicht umsonst gilt Grübeln als ein wichtiger Faktor in der Entstehung und noch mehr im Aufrechterhalten von Depressionen: Sind die Gedanken schwer, werden auch die Gefühle schwer, und schließlich verliert der Körper alle Energie – und das nur aufgrund negativer Vorstellungen beziehungsweise Erwartungen.

Nun können wir Erwartungen natürlich nicht ohne Weiteres vermeiden – auch nicht die negativen. Unser Gehirn erschafft sie ganz von selbst. Wir entwerfen in unserem Geist ständig verschiedene Variationen über das Thema Zukunft. Das ist an sich eine fabelhafte Fähigkeit, denn so können wir geistig »probehandeln« und uns so besser auf womöglich auftretende Schwierigkeiten einstellen. Richtig dosiert können deine Erwartungen Gold wert sein. Wenn du aber sehr viel Zeit damit verbringen solltest, dir zukünftige Ereignisse vorzustellen (die dann ohnehin nie so eintreten), hast du ein Problem, denn dann verlierst du den Kontakt zur Gegenwart.

Da die meisten Erwartungen nutzlos sind und uns nur unserer Seelenruhe berauben, wäre es an sich wohl am besten, erwartungslos und somit »wunschlos« glücklich zu sein. Dann kannst du dich über das Schöne so sehr freuen, wie man sich nur über Unerwartetes freuen kann. Und auf all die Dinge, die weniger angenehm verlaufen, kannst du gelassen reagieren.

Und wie wäre es, unsere Vorstellungskraft positiv zu nutzen, indem wir unsere Erwartungen mehr und mehr auf schöne Dinge richten? Bis zu einem gewissen Grad funktioniert das tatsächlich ganz gut. Das »Positive Denken« baut daher auf diesem Prinzip auf. Doch leider – auf Dauer gesehen klappt auch das nicht besonders gut, denn dem Universum ist es egal, was du erwartest. Die Dinge geschehen einfach, wie sie geschehen müssen.

Je besser es dir gelingt, deine Erwartungen loszulassen, umso leichter wird es dir fallen, offen für das zu sein, was kommt. Nichts zu erwarten bringt Gelassenheit. Frei von Erwartungen, Hoffnungen oder Befürchtungen zu sein bedeutet, dass du weniger Zeit in deinem Kopf und deinen Vorstellungen und mehr Zeit in deinem wirklichen Leben verbringst.

Bao blieb ein paar Tage bei Naka-Naka und übte sich – wenn auch manchmal etwas ungeduldig – in Geduld. Und mit jedem Tag, der verging, gelang es ihm besser, den Dingen einfach ihren Lauf zu lassen. Eines Tages sprach Naka-Naka: »Bao, ich glaube, nun ist es genug. Es ist an der Zeit für dich, deinen nächsten Lehrer zu suchen.«

Bao nickte. Er spürte nun keine Ungeduld mehr – er würde seine Reise zum Geheimnis der Gelassenheit entspannt fortsetzen. Er würde geduldig einen Schritt nach dem anderen machen und nichts erwarten. Was geschehen würde, würde geschehen.

Er verabschiedete sich von seinem Lehrer und machte sich wieder auf den Weg. Doch bevor er loswanderte, schrieb er noch auf ein Blatt:

Baos Bambusblattbibliothek

Mit Ungeduld kann Gelassenheit nicht erlangt werden.

Durch Ruhe und Ausdauer kannst du jedes Ziel erreichen. Das Tun ist viel wichtiger als das Denken.

Zeit geht nicht verloren – sie ist immer da. Nur wenn du den Dingen ihre Zeit lässt, statt ungeduldig zu sein, wird dein Leben mit Sinn erfüllt sein.

Erwartungen übertreiben immer. Das Wunder des Augenblicks lässt sich nur erfassen, wenn du deine Erwartungen loslässt.

Die Stürme kommen und gehen lassen

*B*ao war seit dem Morgengrauen auf den Beinen und wurde allmählich müde. Da stand ein großer alter Baum – genau das richtige Plätzchen, um sich ein wenig auszuruhen. Ein sehr seltsamer Baum war das: uralt, knorrig, krumm und schief, mit dicken Wurzeln. Das kam Bao gerade recht. Er rollte sich zwischen zwei besonders starken Wurzeln zusammen und hielt ein Nickerchen.

Bao träumte von seiner Familie und von MiMi, wie sie vom Sturm und der Flut davongetragen worden waren. Er glaubte, ihre verzweifelten Hilfeschreie zu hören, und konnte doch nichts tun. Bao erwachte mit einem Ruck – sein Herz klopfte schnell und wild. Der Traum war ihm so wirklich erschienen. Er hörte die Rufe der Ertrinkenden noch deutlich im Ohr. Vielleicht hatte es sich ja genau so ereignet? Sein Gesicht war ganz nass von Tränen, und er hatte einen Kloß im Hals.

Da war es ihm, als ob der Baum etwas geraunt hätte – ein Brausen, wie leise Worte aus weiter Ferne. Bao spitzte die Ohren. War es das Rauschen der Blätter? Oder bildete er sich nur ein, etwas zu hören? Er schloss die Augen und horchte ganz aufmerksam hin. Ja, jetzt hörte er genau, wie die Blätter im Wind rauschten und die sich bewegenden Äste an anderen Ästen rieben. Doch da war noch mehr – tatsächlich konnte er ein Flüstern hören, und schließlich verstand er sogar einige Worte: »… alles geht vorbei, auch der schlimmste Sturm …«

Bao rieb sich die Augen. Einerseits war er ziemlich sicher, das Flüstern deutlich vernommen zu haben, andererseits glaubte er immer noch, dass er sich das alles nur einbildete. Deshalb kam er sich etwas albern vor, als er fragte: »Sprichst du mit mir, alter Baum?«

»Aber ja, das tu ich«, raunte es. »Ich bin Ibn Shu. Und wenn ich etwas gelernt habe in den letzten tausend Jahren, dann das: Alles geht vorbei, auch der schlimmste Sturm.«

»Ach ja«, seufzte Bao. »Das ist leicht gesagt. Ich habe gerade im Traum gesehen, wie meine Familie ertrunken ist. Nun ist der Traum zwar vorbei, meine Trauer wird jedoch nie enden.«

»Ich weiß, dass du das jetzt denkst«, rauschte Ibn Shu. »Doch auch das geht vorbei ...«

Manchmal kann das Leben sehr hart werden. Während du mit den kleinen Katastrophen des Alltags vielleicht ganz gut zurechtkommst, wird es dir in Anbetracht heftiger Schicksalsschläge wahrscheinlich ganz und gar unmöglich scheinen, gelassen zu bleiben. Wenn du verlassen wirst, wenn ein geliebter Mensch stirbt, wenn du in große finanzielle Not gerätst oder schwer krank wirst, dann werden die Emotionen einfach zu stark. Sie quellen im Bewusstsein empor und reißen in ihrer Flut alles mit sich. In solch katastrophalen Gefühlslagen stehst du gleichsam unter Schock. Daher hilft es dir nicht, wenn jemand kommt und sagt: »Alles geht vorbei.« An sich stimmst du dem vielleicht sogar zu. Der Verstand sagt dir, dass es wohl so sein mag, dass die Zeit alle Wunden heilt. Doch fühlen kannst du das eben nicht, da das Gefühl der Trauer oder Verzweiflung dich überwältigt.

Nun gibt es aber jemanden, der dir trotz allem (und vielleicht sogar ganz besonders) in scheinbar ausweglosen Situationen helfen kann: du selbst! Mit dem gleichen Satz, der von anderen so schwer anzunehmen ist, kannst du bei dir selbst große Veränderungen bewirken: »Es geht vorbei ...«

Allerdings wirst du deine innere Kraft nicht durch rationale Überlegungen zurückgewinnen. Auch wenn diese manchmal durchaus hilfreich sind, kommt es jetzt vielmehr darauf an, dass du den Satz wie ein Mantra benutzt. Indem du dieses Mantra innerlich immer und immer wiederholst, konzentrierst du dein Bewusstsein auf heilsame Schwingungen, sodass der Geist fokussiert wird und die unangenehmen Gefühle nicht gefüttert werden. Dabei ist wichtig, dass du nicht nur denkst, sondern schließlich auch fühlst, dass selbst noch so schwierige Lebensphasen vorbeigehen.

Dass belastende, verwirrende Gefühle in dir aufsteigen, kannst du nicht verhindern. Und wozu auch – deine Gefühle sind wichtige Boten. Sie sind Signale deines Unterbewusstseins und deines Körpers. Und sie sind Ausdruck deiner Lebendigkeit. Daher wäre es unsinnig und sogar riskant, Gefühle zu unterdrücken. Genauso riskant ist es allerdings auch, wenn du zulässt, dass die Gefühle dich mit sich fortreißen. Wenn du dich in deine schwierigen Gefühle, die ja immer mit belastenden Gedanken verbunden sind, hineinsteigerst, wirst du schnell glauben, dass du »deine Gefühle bist«. Tatsächlich ist es aber so, dass du »Gefühle hast« und sie nicht etwa dich haben sollten. Eigentlich »hast« du nicht einmal Gefühle: Du erlebst sie.

Gelassenheit hat viel damit zu tun, wie wir mit unseren Gefühlen umgehen. Die Emotionen und Stimmungen zu akzeptieren, sie entstehen und vergehen zu lassen und sie weder zu unterdrücken noch festzuhalten – darin besteht die große Kunst. Denn was für äußere Krisen gilt, gilt noch viel mehr für unsere Gefühle: Sie erscheinen, sie bleiben eine Zeit – manchmal nur sehr kurz, manchmal länger – und dann lösen sie sich ganz natürlich wieder auf.

Das Mantra »Es geht vorbei ...« weist uns auch darauf hin, dass alles vergänglich ist. Das mag manchmal traurig sein, oft ist es jedoch ein Segen. Der warme, sonnige Tag vergeht – die dunkle, kalte Nacht vergeht. Und Ängste, Sorgen oder Verzweiflung vergehen auch.

Weisheit besteht nicht darin, das Schöne festzuhalten und das Schwierige zu unterdrücken, sondern die Dinge kommen und gehen zu lassen. Gelingt es uns, dies gelassen und achtsam zu tun, wird jeder Augenblick erfüllend oder zumindest erträglich sein. Und mit Gelassenheit wird es uns darüber hinaus gelingen, auch an schweren Krisen zu wachsen.

Bao und Ibn Shu führten lange Gespräche miteinander. Ein alter Baum hat viel zu erzählen, und so erzählte er eines Tages diese Geschichte: »Ein wandernder Zimmermann zog mit seinem Gesellen durchs Land, als sie eine gewaltige Eiche an einem Feldrand erblickten. Daneben war ein Schrein errichtet worden. ›Ach, was könnten wir alles bauen, wenn wir das Holz dieses einen Baumes hätten!‹, rief der Geselle begeistert. ›Dieser Baum ist nutzlos‹, tadelte ihn der Meister. ›Sein Holz taugt nicht zum Schiffsbau, da es schnell verrotten würde. Man kann keine Dachbalken daraus machen, sie würden brechen. Mit diesem Baum

kann man nichts anfangen.‹ Sie zogen weiter ... Der Baum war ich. Und ich dachte mir: Wie gut ist es doch, nutzlos zu sein. Nur weil ich keinen Nutzen habe, bin ich so alt geworden!«

Bao überlegte angestrengt. *»Hm, ja, vielleicht. Aber ich möchte gern nützlich sein. Findest du es wirklich gut, nutzlos zu sein? So eine Gelassenheit suche ich eigentlich nicht!«*

»Weil ich keinen Nutzen habe, habe ich in mir selbst Kraft. Weil ich keinen Nutzen habe, bin ich vollkommen unbeschwert – die Stürme kommen und gehen, ich bleibe stehen.«

Bao lachte. *»Dann ist es ja vielleicht doch ganz nützlich, nutzlos zu sein. Wenn man so geduldig ist wie du!«*

»Geduldig? Das brauche ich gar nicht zu sein, denn wenn ich unruhig werde, weiß ich doch: Auch das geht vorbei.«

»Es ist wichtig, sich nützlich zu machen.« Würdest du dieser Aussage zustimmen? Hast du auch Angst davor, ein »Nichtsnutz« zu sein? Dann geht es dir so wie den meisten von uns: Wir haben verinnerlicht, dass alles, was wir tun, immer einen unmittelbaren Zweck haben müsse.

Viele unserer Handlungen sind vor allem eines: Mittel zum Zweck. Wir arbeiten, *um* Geld zu verdienen. Wir verdienen Geld, *um* uns Essen, eine Wohnung, Reisen und so manche Annehmlichkeiten leisten zu können. Wir machen Sport, *um* gesund zu bleiben. Wir lernen, *um* uns zu bilden. Wir tragen bestimmte Kleidung, *um* gesellschaftlich akzeptiert zu sein. Aber ganz gleich, was wir tun: Es muss einen Zweck haben, muss »nützlich« sein.

Ob es dir leicht- oder schwerfällt, gelassen zu leben oder nicht, hängt nicht zuletzt von der Art deiner Motivation ab. Wenn du selbstbestimmt handelst und tust, was dich befriedigt, bist du im Einklang mit dir selbst. Der Umweg über Zweck und Nutzen ist sehr anstrengend, wohingegen der Weg der Freude nicht nur zu besseren Ergebnissen, sondern auch zu mehr innerer Stabilität und einem entspannteren Lebensgefühl führt.

Es gibt viele Dinge, die Freude machen können – zum Beispiel Malen, Musizieren, Gedichteschreiben, Kochen oder seinen Garten zu pflegen. Natürlich ist es wichtig, Geld zu verdienen, um einigermaßen menschenwürdig leben zu können, nur: Muss der Nutzen dabei wirklich im Vordergrund stehen? Gibt es nicht auch Möglichkeiten, die Freude im Tun zu entdecken, ganz gleich, um welches Tun es sich handeln mag?

Gerade in Augenblicken, in denen schlimme Dinge passieren, in denen es alles andere als rund läuft und die Stürme des Lebens an deinen Ästen zerren, ist es wichtig, mit dir selbst im Einklang zu sein. Solange du dem möglichen Nutzen hinterherläufst und an den Zweck denkst, verpasst du die Bedürfnisse deines Herzens. Doch genau die sind jetzt überlebenswichtig. Gelassenheit, Freude, Mitgefühl – diese Qualitäten helfen dir jetzt, in Harmonie mit dir selbst zu bleiben, wodurch es dir sehr viel leichter fallen wird, Stürme mit heiler Haut zu überstehen. Jede Krise ist eine Aufforderung, zum Wesentlichen zurückzukehren – und das Wesentliche ist frei von Zweck und Nutzen ...

Bao hatte schon wieder vom Tod seiner Familie geträumt und sprach mit Ibn Shu über die große Verzweiflung, die er im Traum gespürt hatte.

»Auch wenn du ganz verzweifelt bist«, raunte es durch Ibn Shus Blätter und sein Geäst, »und wenn du das Gefühl hast, dass die Dunkelheit den Sieg in deiner Seele davontragen wird: Sogar das geht vorbei.«

»Ja, das glaube ich dir sogar«, sagte Bao. »Aber wenn ich verzweifelt bin, kann ich es einfach nicht sehen.«

»Ich habe keine Augen und sehe doch alles«, antwortete Ibn Shu rätselhaft.

»Was willst du damit sagen?«

»Nun, wenn du verzweifelt bist, ist es, als wärest du nachts in einem tiefen dunklen Tal. Wenn du zu Boden blickst, siehst du gar nichts. Wenn du nach oben blickst, siehst du vielleicht ein paar Sterne funkeln. Doch selbst wenn du gar nichts siehst, kannst du immer noch spüren, welcher Weg nach oben führt – denn tief in deinem Herzen weißt du, oben ist das Licht, auch wenn du gerade inmitten tiefster Dunkelheit stehst.«

In den dunklen Stunden des Lebens, wenn dich jemand verlassen hat, den du geliebt hast, ist es nahezu ein Hohn, wenn dir jemand auf die Schulter klopft und sagt, dass das vorbeigeht. Statt dich besser zu fühlen, wirst du wütend sein oder dich unverstanden und noch trauriger und einsamer fühlen.

Die rein intellektuelle Erkenntnis, dass alles vergänglich ist, reicht nicht. Die Einsicht, dass nicht nur unangenehme, sondern auch traurige und schmerzhafte Situationen vergänglich sind, ist nur durch Erfahrung oder genauer gesagt durch Übung zu gewinnen. Doch so hilfreich Üben ist, so gibt es doch einen Nachteil: Üben ist eher eine vorbeugende Maßnahme. In dem Augenblick, in dem du von Leid geblendet und wie gelähmt bist, ist es ungleich schwieriger, zu üben. Kein Boxer käme auf die Idee, in den Ring zu steigen, wenn er nicht zuvor monatelang trainiert hätte.

Worin aber besteht nun die »Übung«, die es dir ermöglicht, Krisen zu überwinden? Sie besteht darin, dir die Vergänglichkeit aller Dinge immer wieder klar vor Augen zu führen. Klingt das unerfreulich für dich? Vielleicht sogar ein wenig morbid? Schließlich dreht sich in unserer Gesellschaft alles um das genaue Gegenteil: Wir wollen so lange wie möglich jung sein, wollen unsterblich sein und glauben, dass wir nur glücklich sein können, wenn wir das Glück »festhalten«.

Das Glück lässt sich jedoch nicht festhalten – am ehesten gewinnst du es, indem du loslässt. Aber ist das nicht furchtbar? Führt die Erkenntnis der Vergänglichkeit – auch der eigenen, auch der aller geliebten Menschen, auch der der glücklichen Momente – nicht in die Verzweiflung, in die Depression? Nein – du ent-täuschst dich nur: Du beendest die Täuschung, die dir Unsterblichkeit vorgaukelt. Sobald sie von dir abgefallen ist, merkst du, dass die Illusion dich nur belastet hat. Denn sie liefert den Klebstoff, durch den du an den Dingen haftest. Und sie steht im Gegensatz zu dem, was du täglich erlebst.

Ent-Täuschung führt zu einem freien Blick, sie ist letztlich immer eine Befreiung. Du siehst die Dinge klar: Die Sonne geht auf, die Sonne geht unter; jedem Winter folgt ein neuer Frühling; als Kinder gehen wir in die Schule, später studieren und arbeiten wir, vielleicht gründen wir eine Familie, und schließlich sind wir alt und sterben eines Tages; Häuser, Bäume, Menschen, Stimmungen, sogar Zivilisationen – sie alle sind vergänglich. Die Stürme kommen und gehen.

Beunruhigend ist die Vergänglichkeit eigentlich nur, solange du von außen auf sie schaust. Innerlich lebst du ohnehin immer nur von Augenblick zu Augenblick. Und je intensiver du lebst, desto deutlicher wirst du spüren, dass du jenseits aller Vergänglichkeit auch immer mit dem ewigen Sein verbunden bist – mit Gott, dem Universum, mit der »unendlichen Weite« oder wie auch immer du es für dich nennen willst. Hast du dich erst einmal von Illusionen befreit, so wirst du intensiver leben. Und wenn du dann schwierigen Situationen gegenüberstehst, ist es ein großer Trost, wenn dir die eigene, immer wieder »geübte« Einsicht aus deinem eigenen Inneren mitfühlend sagt: »Es ist schon in Ordnung – auch das geht vorbei.«

Bao blieb ein paar Tage bei Ibn Shu, dem Baum. Er träumte noch ein paar Mal von seiner Familie. Aber von Mal zu Mal erholte er sich schneller, indem er sich die Vergänglichkeit aller Dinge, und vor allem auch allen Leidens, vor Augen führte.

Als er wieder einmal Schreckliches träumte, gelang es ihm bereits mitten im Traum mit seinem Mantra »Alles geht vorbei …« ruhiger zu werden. Und dieses Mal erwachte er nicht mit Tränen, sondern nur einem milden Gefühl der Traurigkeit. Da sprach der Baum: »Bao, es wird Zeit für dich weiterzuziehen!«

Bao bedankte sich bei Ibn Shu und wandte sich zum Gehen. Doch zuvor schrieb er noch auf ein Blatt:

Baos Bambusblattbibliothek

Was auch geschehen mag: Es geht vorbei. Bewahre dieses Mantra als Anker für Notzeiten in deinem Geist.

Nicht nur das Schlimme geht vorbei, sondern auch das Schöne und Gute. Diese Erkenntnis mag hart sein, doch sie hilft, sich nicht an Dinge zu klammern und das Schöne dankbar und achtsam anzunehmen.

Du musst nicht nützlich sein. Du bist nicht dein Nutzen. Der größte Nutzen der Nutzlosigkeit ist Gelassenheit.

Durch Mitgefühl das Herz befreien

Als Bao auf seiner Wanderung wieder einmal an einen Fluss gelangte, beobachtete er etwas Seltsames. Ein Elefant half kleineren Tieren, die ans andere Ufer wollten, über den Fluss zu kommen, denn der Fluss war reißend und barg auch andere Gefahren, wie Flusspferde und Krokodile.

Bao sah ihm eine Weile zu. ›Ungewöhnlich, warum macht er das nur?‹, fragte sich Bao. ›Und dabei ist er so friedlich, auch wenn manche derjenigen, denen er hilft, ziemlich undankbar und unverschämt sind.‹

Bao beschloss, mit dem Elefanten zu sprechen, denn er war sehr beeindruckt.

»Bitte warte noch einen Moment, bis ich diesen kleinen Affen hinübergebracht habe«, sagte Dashan, der Elefant. Er hob das Äffchen mit dem Rüssel auf seinen Rücken und watete gemächlich durch den Fluss. Als er zurückkam, fuhr er fort: »Da sieh an – ein Panda! Ich glaube, vor zwanzig Jahren ist hier das letzte Mal ein Panda vorbeigekommen. Wenn ich mich recht erinnere, hieß er Lao-Lao ...«

Bao war freudig überrascht. Dieser Elefant war seinem Großvater begegnet! Er erzählte Dashan von seinem Großvater und der Aufgabe, die dieser ihm gestellt hatte: die Suche nach dem Geheimnis der Gelassenheit.

»Aber offenbar bist du dem Geheimnis ja doch schon recht nahe gekommen«, sagte Dashan. »Was trennt dich noch von ihm?« Er sah Bao genau an, dann blinzelte er verschmitzt und sprach: »Ah – ich glaube, ich weiß etwas, was dich dem Geheimnis der inneren Ruhe noch ein bisschen näher bringen wird: die Liebe! Weißt du, was ich meine?«

Bao wurde rot. »Ja, ich kannte da ein Pandamädchen ...«

Dashan unterbrach ihn lachend. »Ja, mein Lieber! War da dein Herz nicht warm?«

»Oh ja!«

»Doch du warst auch unruhig und aufgeregt, stimmt's?«

»Ja.«

»Solange du nur ein Wesen liebst, wird deine Seele nicht in sich ruhen können. Und doch – die Liebe zu einem Wesen ist bereits der Same, aus dem das große Mitgefühl erwächst. Je weiter das Herz ist, desto mehr passt hinein. Ein starker Fluss ist breit und tief.«

»Liebe« ist ein belastetes Wort, das für viele sehr unterschiedliche Zustände herhalten muss: die Liebe der Mutter zu ihrem Kind; die Liebe des eifersüchtigen Liebhabers; die Liebe der Nonne zu Gott; die Liebe des Soldaten zu seinem Vaterland; die pubertäre, von Hoffnung und Angst durchtränkte Liebe zwischen Teenagern …

»Liebe deinen Nächsten wie dich selbst«, heißt es in der Bibel. Aber welche Art von Liebe ist denn da nun gemeint? Und mal Hand aufs Herz: Ist es auch nur einigermaßen realistisch, alle Menschen wirklich zu »lieben«? Wir können ja schon froh sein, wenn wir nicht im Streit mit den Nachbarn liegen! Mark Twain sagte einmal etwa Folgendes: »Bevor du die Menschheit liebst, solltest du erst einmal nett zu deinen Freunden sein.« Das stimmt allerdings.

Wie wäre es, wenn du den Begriff »Liebe« einmal durch »Mitgefühl« ersetzen würdest? Kannst du dir vorstellen, dass es möglich ist, mit allen lebenden Wesen Mitgefühl zu haben? Jeder Mensch, auch der übelste Verbrecher – und vielleicht sogar gerade der – leidet an dem Leben, wie es für ihn ist. Jeder Mensch sucht nach Glück, will ohne Angst und Not leben. Ein Verbrechen können wir deshalb natürlich nicht gutheißen oder akzeptieren, doch wir können vielleicht zumindest verstehen, warum jemand so handelt, wie er handelt. Und erst dann wird es überhaupt möglich, etwas Sinnvolles zu verändern.

Zu lieben, oder sagen wir besser »mitfühlend zu sein«, ist gar nicht so uneigennützig, wie es scheint. Durch Mitgefühl hilfst du anderen, sich positiv zu verändern, und davon hast du ja auch selbst etwas. Dazu kommt, dass du umso mehr bekommst, je mehr du gibst – und das gilt auch für so wertvolle Dinge wie Freude, Gelassenheit und inneren Frieden. Das Paradoxe ist, dass das aber nur klappt, wenn dein Mitgefühl absichtslos ist, du dabei also nicht an deinen Nutzen denkst. Anders gesagt: Je weniger du an den Nutzen denkst, desto nützlicher wird das Ganze für dich ...

Im Buddhismus heißt es, dass wahres Mitgefühl zu *vollkommenem* Frieden, *vollkommener* Gelassenheit und *vollkommener* Einheit mit dem Universum führt. So vielversprechend das ist, so geht es den meisten ja gar nicht um Vollkommenheit – schon ein wenig Mitgefühl fühlt sich ein wenig besser an.

Mitgefühl ist ein »Engelskreis«, also das Gegenteil eines Teufelskreises: Mitfühlende Gedanken führen zu positiven Gefühlen, die wiederum die mitfühlenden Gedanken verstärken.

»Engelskreise« sind in der Natur überall anzutreffen. Etwa bei einem Bergwald. Hier sorgen die Wurzeln der Bäume dafür, dass die Erde, die sie nährt, nicht weggewaschen wird. Sammelt sich aber mehr fruchtbare Erde um die Bäume, so wachsen diese noch kräftiger und ihre Wurzeln halten die Erde noch besser fest. In diesem Kreislauf nützt also ein Kettenglied dem nächsten.

Was geschieht, wenn dieser Kreis durchbrochen wird, kann man heute an vielen Orten der Welt sehen. Die Römer und Griechen begannen damit, Bäume zu fällen, um Kriegsschiffe zu bauen. Dadurch wusch der Regen die Erde fort, die nun nicht mehr vom Wurzelgeflecht gehalten werden konnte, und es wuchsen keine neuen Bäume nach: Eine Provinz nach der anderen verwandelte sich von fruchtbarem Wald in karge Wüste. Die Folgen sieht man heute noch; die trockenen, größtenteils baumlosen Berge der Mittelmeerländer sind eine von Menschen geschaffene Landschaft.

Was vor rund zweieinhalbtausend Jahren am Mittelmeer geschah, wiederholt sich in ungleich größerer Dimension heute in den tropischen Regenwäldern. In den letzten zwanzig Jahren wurden gut 300 000 Quadratkilometer Wald vernichtet. Sind die Bäume erst einmal gerodet, wachsen sie kaum noch nach. Die beeindruckenden Regenwälder, die so voller Leben sind, stehen auf Böden, die kaum Nährstoffe enthalten – alle Nährstoffe sind in den Pflanzen gebunden. Wenn die Pflanzenwurzeln durch Rodung zerstört werden, können sich die Mineralstoffe nirgendwo mehr halten, und der Stoffkreislauf des Regenwaldes ist zerstört. Schon der Regen eines einzigen Tropentages reicht aus, um sämtliche Nährstoffe fortzuspülen. Aus einem Paradies ist so in kürzester Zeit eine Wüste geworden.

Was hat das nun alles mit Mitgefühl zu tun? Sehr viel! Der vietnamesische Mönch Thich Nhat Hanh hat den Begriff »interbeing« geprägt, was sich nicht besonders gut ins Deutsche übersetzen lässt. »Verwobensein« trifft es vielleicht ganz gut, da es darum geht, dass sämtliche Phänomene miteinander verwoben sind, dass wir alle Teil eines komplexen Netzes von Beziehungen sind. Die wechselseitige Abhängigkeit oder positiver ausgedrückt die Verbundenheit zwischen Menschen sowie zwischen Mensch und Natur ist ein übergeordnetes universales Prinzip.

Die Notwendigkeit des Mitfühlens wird hier noch einmal aus einer ganz anderen Perspektive greifbar – es geht nicht darum, »lieb zu sein«, es geht darum, glücklich zu (über-)leben, was nur im Miteinander möglich ist.

Mitgefühl wird oft mit Mitleid verwechselt, dabei handelt es sich um zwei vollkommen unterschiedliche Dinge. Mitleid blickt meist auf das Leiden des anderen herab und hat eine sentimentale Komponente. Mitleid sagt: »Ach, du Arme – du tust mir ja so leid!«, um sich dann schnell wieder in den komfortablen, sicheren Hafen des eigenen Lebens zurückzuziehen. Doch selbst da, wo das nicht der Fall ist, vergrößert Mitleid das Leiden in der Welt nur. Dadurch, dass wir (mit-)leiden, ist dem anderen nicht im Geringsten geholfen, denn sein Leiden wird dadurch nicht verschwinden. Statt einem Menschen leiden dafür jetzt zwei, und Leiden führt nun einmal nicht, oder nur auf größten Umwegen, zu Gelassenheit.

Mitgefühl hingegen heißt, zu verstehen. Wer mitfühlend ist, kann sich in den anderen hineinversetzen, mit ihm sein und manchmal auch erkennen, was sich verändern muss, um die Situation zu verbessern. Veränderung ermöglicht Weiterentwicklung. Mitgefühl verringert das Leiden in der Welt und ist ein wichtiger Baustein der Gelassenheit.

Wenn du mitfühlst, wächst dein Verstehen. Je mehr du verstehst, desto weniger Angst wirst du haben. Durch Mitgefühl wird auch deine Wut verschwinden. Mitgefühl verbindet dich mit dem anderen Menschen, und es verbindet dich mit der allgemeinen Erfahrung, ein Mensch zu sein. Denn ob Trauer, Angst, Krankheit, Verlust, Einsamkeit oder Verwirrung – all das sind nun mal menschliche Erfahrungen, die jeder von uns macht, auch du. Mitgefühl mit anderen zu haben führt automatisch zu einem tieferen Verständnis unseres eigenen Lebens. Auch darum tun wir gut daran, Mitgefühl zu üben.

Mitgefühl üben? Ist das nicht eine komische Idee? Ja, das stimmt vielleicht, doch Buddhisten hatten diese »seltsame Idee« schon vor über zweitausend Jahren und sind bis heute ziemlich gut damit gefahren. Durch eine einfache Form der Meditation lassen sich Mitgefühl und Güte tatsächlich üben. Und wenn du jetzt skeptisch bist, dann solltest du einfach einmal ausprobieren, was so eine Mitgefühlsmeditation so alles bei dir verändern kann …

Liebende Güte in die Welt schicken

Die Mitgefühlsmeditation kommt dir vermutlich erst einmal etwas eigenartig vor. Es hilft aber nicht, lange darüber zu sprechen: Probier es aus – mindestens dreimal, am besten an drei aufeinanderfolgenden Tagen (lieber öfter). Nimm dir jeweils fünfzehn Minuten Zeit. Denk nicht darüber nach, sondern tu es einfach und folge dabei deinen Gefühlen.

Du kannst bei dieser Meditation nichts »falsch« machen. Meditieren bedeutet ja nicht gleich, in die vollkommene innere Ruhe einzutauchen oder, im Fall der Mitgefühlsmeditation, sein Herz *völlig* öffnen zu können. Schon die Absicht zu meditieren genügt vollkommen. Es gibt keine »gute« und »schlechte« Meditation: Stillsitzen, die Achtsamkeit lenken und beobachten, was passiert – mehr ist es nicht.

Bei jeder Form von Meditation tauchen ein paar Schwierigkeiten auf. Das muss auch so sein, denn Schwierigkeiten gehören nicht nur zum Leben, sondern auch zur lebendigen Erfahrung des Augenblicks – und nichts anderes ist ja die Meditation. Was auch immer geschieht, das dich von der Meditation ablenkt – ungewollt auftauchende Gedanken, Ideen und Zukunftspläne, Jucken, unangenehme Empfindungen in den Knien oder im Rücken, Müdigkeit, Unruhe –, lass es einfach geschehen. Erkenne es, akzeptiere es und dann: Lass es weiterziehen, ohne dich davon mitreißen zu lassen.

Setz dich nun bequem, aber mit geradem Rücken hin. Schließ deine Augen, und versuch dich zu entspannen. Komm allmählich immer mehr zur Ruhe. Lass das, was kommt, kommen und weiterziehen. Halt dich nicht an Gedanken oder Empfindungen fest.

Richte deine Gedanken nun auf den Menschen, der dir am nächsten steht. Stell ihn dir innerlich vor, umarme ihn in deiner Vorstellung und sprich innerlich die Worte: »Mögest du glücklich sein. Mögest du inneren Frieden erfahren.« Wiederhole den Satz ein paarmal ganz entspannt und spüre, wie sich dein Herz gegenüber diesem Menschen weitet.

Lenk dann deine Gedanken und Gefühle auf alle anderen Menschen, die dir nahestehen – deine Familie und deine Freunde. Lass sie kurz vor deinem inneren Auge erscheinen. Umarme sie und wiederhole innerlich langsam und sanft die Sätze: »Möget ihr glücklich sein. Möget ihr inneren Frieden erfahren.« (Natürlich kannst du auch andere Worte wählen, wenn dir diese Formulierung zu altertümlich oder pathetisch vorkommt. Es kommt nicht auf die Worte an, sondern auf die Gefühle.)

Als Nächstes richtest du deine Gedanken und Gefühle auf deine Bekannten. Umarme auch sie in deiner Vorstellung und wiederhole auch hier das Mitgefühlsmantra mehrere Male.

Jetzt wird es schwieriger: Weite deine Gedanken auf alle Menschen aus, die du kennst, auch auf diejenigen, mit denen du Probleme hast oder die du sogar als »Feinde« empfindest. Sprich das Mitgefühlsmantra – und lass zu, dass dein Herz offen bleibt. Mitgefühl für einen Feind zu entwickeln ist nicht leicht, doch es ist ein gewaltiger Schritt zu Gelassenheit und Weisheit. Auch wenn dir nicht gefallen muss, wie dieser Mensch handelt, kannst du doch versuchen, seine Not hinter seinem Tun zu erkennen, und mitfühlend sein …

Vielleicht konntest du auf Anhieb spüren, wie gut und erleichternd es sich anfühlt, sein Herz zu öffnen. Vielleicht brauchst du aber auch ein paar Anläufe, bis du Geschmack daran findest. Auf jeden Fall kannst du nichts dadurch verlieren, sondern nur eine Menge gewinnen.

Bao fühlte sich ganz seltsam. Er war Schüler von Dashan geworden und hatte die Herzmeditation gelernt, hatte gelernt, sein Herz immer größer und weiter werden zu lassen. Zum ersten Mal fühlte er ganz tiefen Frieden in sich – oder zumindest war er nur noch ein sehr kleines Stück davon entfernt. Doch etwas war seltsam.

Als er Meister Dashan deswegen fragte, sah der Elefant ihn durchdringend an. »Bao – an wen hast du in deiner Übung nicht gedacht?«

Bao dachte angestrengt nach. Wen hatte er vergessen? Seine Eltern und Geschwister, seine Verwandten, seinen Großvater natürlich, die Mitglieder des Pandaklans, diejenigen, bei denen er etwas über das Geheimnis der Gelassenheit erfahren hatte ... An alle hatte er gedacht. Sogar an jene, die er nur ganz entfernt kannte oder mit denen er Streit gehabt hatte. Dann glaubte er, es gefunden zu haben, und es war ihm sehr peinlich. »Oh, Meister Dashan, ich habe dich vergessen!«

Dashan blies ihm einen Schwall Wasser ins Gesicht. »Unsinn! Du hast an deine Lehrer gedacht, also auch an mich. Doch du hast dabei dennoch ein ganz wichtiges Wesen vergessen!«

Bao rätselte. Wer könnte das nur sein?

Es ist schon merkwürdig: Viele Menschen sind so sehr auf sich selbst fixiert, dass sie immerzu nur sich sehen. Andere wiederum beschäftigen sich dauernd mit dem Leben und den Problemen der anderen, sodass sie sich selbst gar nicht mehr wahrnehmen. Beide Perspektiven sind, nun ja, sagen wir mal: etwas einseitig. Sie übersehen jeweils etwas ganz Wichtiges.

Sollte es dir gelingen, anderen Menschen gegenüber Mitgefühl zu empfinden, so ist das großartig! Mitgefühl hilft dir, die anderen besser zu verstehen. Mit etwas Glück kannst du sie auf bessere Wege führen, wenn sie leiden, und vielleicht kannst du auch so einiges von ihnen lernen. Mitgefühl hilft dir immer, besser mit deinen Mitmenschen zurechtzukommen; es schenkt dir das Gefühl der Verbundenheit, und du wirst gelassener.

Das ist toll. Aber es gibt eine wichtige Frage, die du dir stellen solltest: Ist es dir möglich, auch dich selbst mitfühlend anzunehmen? Denn wenn du mit anderen Mitgefühl hast, solltest du es natürlich erst recht mit dir selbst haben. Schließlich bist auch du ein Mensch.

Wie sollen wir es schaffen, wirkliches Mitgefühl für andere zu entwickeln, wenn wir dieses Mitgefühl nicht einmal für uns selbst aufbringen können?

Manchen fällt es schwer, mitfühlend mit sich umzugehen, weil sie glauben, weniger wert zu sein als andere. Doch es wäre traurig, wenn Mitgefühl davon abhängig wäre, was einer kann, was er besitzt oder wie er aussieht. Die selbstlose Liebe strahlt für jeden Menschen – genau wie die Sonne. So kannst du einem Kind das gleiche Mitgefühl entgegenbringen wie einem Greis, einem Bettler das gleiche wie einem

König, einem Aussätzigen das gleiche wie einem Topmodel. Und natürlich kannst du auch freundlich und herzlich zu dir selbst sein – ja das musst du sogar, denn wie könnte dein Mitgefühl sonst anderen helfen?

Ist es nicht seltsam, dass es vielen Menschen leichter fällt, anderen zu vergeben als sich selbst? Oft plagen wir uns ein Leben lang mit Schuldgefühlen. Und an was wir nicht alles schuld sein wollen! An einer gescheiterten Beziehung, an versäumten Chancen, an unüberlegten Handlungen, an der schlechten Laune der anderen …

Die Frage nach Schuld führt aber sowieso immer in die Sackgasse. Was ist denn damit gewonnen, wenn wir wissen, »wer schuld ist«? Stattdessen wäre es viel hilfreicher, zu fragen, wie es denn in Zukunft besser ginge – produktiver, sinnvoller oder gewaltfreier. Und was für die Schuld des Kriminellen gilt, gilt erst recht für das, was wir uns – ob nun tatsächlich oder eingebildet – zuschulden haben kommen lassen: Die Schuld festzustellen macht nichts besser, ebenso wenig wie das Selbstmitleid.

Das Heilmittel gegen Schuldgefühle besteht darin, Selbstmitgefühl zu kultivieren. Das bedeutet nun nicht, dass du Fehler, die du gemacht hast, ignorierst oder verdrängst. Auch deine Fehler sind ein Teil von dir. Du sollst sie auch nicht einfach vergessen. Vielmehr geht es in erster Linie darum, warmherziges Verständnis zu entwickeln. Sicher, wahrscheinlich hast du Fehler gemacht. Vielleicht sogar schlimme. Doch was geschehen ist, ist geschehen. Du hast daraus gelernt. Mach es von nun an besser – das genügt. Es genügt, weil es das Beste ist, was du tun kannst. Du musst den Rest deines Lebens nicht damit verbringen, dir deine Fehler oder Schwächen vor Augen zu führen, denn das würde dich nur daran hindern, zu wachsen. Vergiss deine Fehler nicht – das ist Lernen. Wenn du Schlimmes getan hast, ist es das Beste, es so weit es geht wiedergutzumachen. In deinen Fehlern leidvoll zu versinken macht nichts besser. Und gelassener kannst du auf diese Weise natürlich auch nicht werden.

Es gibt viele Gründe dafür, warum es uns schwerfällt, mitfühlend mit uns umzugehen. Schuldgefühle sind nur ein Grund. Ein anderer hängt mit dem Gefühl zusammen, das eigene Potenzial nicht verwirklicht zu haben, nicht genug erreicht zu haben oder »nichts Besonderes« zu sein. Auch alte Glaubenssätze, die uns meist schon in der Kindheit einprogrammiert wurden, machen es uns schwer, uns liebevoll anzunehmen: »Du taugst nichts«, »Dir misslingt alles«, »Aus dir wird nie etwas werden«, »Die anderen können es besser« …

Was auch passiert ist und was auch immer du bisher von dir für eine Meinung hattest: Mitgefühl ist stärker als die Vergangenheit. Nimm dich innerlich in den Arm. Behandle dich wie einen guten Freund. Sag dir selbst, dass du wertvoll bist, auch wenn du Fehler gemacht hast, auch wenn du nichts »Besonderes« darstellst, auch wenn du nichts Großartiges geleistet oder erreicht hast. Du bist wertvoll, weil du ein Mensch bist und weil du du und damit einzigartig bist.

Du kannst andere nicht lieben, solange du dich nicht selbst liebst. Du kannst anderen oder gar fremden Menschen keine unbedingte Wertschätzung entgegenbringen, wenn dir das nicht einmal bei dir selbst gelingt. Das Jesus-Wort »Liebe deinen Nächsten wie dich selbst« ergibt nur Sinn, wenn du auch auf die letzten drei Worte des Satzes achtest »wie dich selbst«!

Mitgefühl ist bedingungslos. Ebenso wie allen anderen Menschen kann es auch dir passieren, dass du verblendet, fehlerbehaftet, großartig, arm, reich, krank oder gesund bist. Und ebenso wie alle anderen wirst du zuweilen traurig, deprimiert, wütend, eifersüchtig oder unsicher sein. Doch das macht nichts, denn genau wie alle anderen bist auch du ein fühlendes, oftmals leidendes Wesen, das versucht, irgendwie in der Welt, in der es nun einmal lebt, zurechtzukommen. Was gäbe es also für einen Grund, dich selbst nicht zu lieben?

Wenn dir das trotzdem schwerfällt, dann erinnere dich an die Mitgefühlsmeditation, die du bereits kennengelernt hast. Um Selbstmitgefühl zu entwickeln, wendest du die Sätze einfach für dich selbst an. Zieh dich zurück, setz dich bequem und aufrecht hin und sage zu dir wie zu einem lieben Freund: »Mögest du glücklich sein. Mögest du inneren Frieden finden. Möge es dir gut ergehen.«

Selbstmitgefühl lässt sich aber nicht nur auf dem Meditationskissen üben. Auch im Alltag gibt es viele Momente, in denen du deine mitfühlenden Gedanken auf dich selbst richten kannst – ob beim Autofahren oder in der Badewanne. Wünsch deinem Körper Gesundheit und deinem Geist Frieden und Glück. Du hast dein Mitgefühl ebenso verdient wie alle anderen Wesen. Auf deiner Lebensreise solltest du daher immer auch dein Herz mit im Gepäck haben. Sich selbst und anderen gegenüber herzlich zu sein stärkt die Verbundenheit und führt so auf direktem Wege zu mehr Gelassenheit.

Bao kam das, was Dashan über das Selbstmitgefühl gesagt hatte, seltsam vertraut vor. Hatte nicht sein Lehrer, der Vogel Niao, etwas ganz Ähnliches gesagt? »Vergib dir selbst: So wirst du Freundschaft mit dir selbst schließen und mit Freude neue Wege einschlagen können.« Diese Worte fand Bao in seiner Bambusblattbibliothek, und er erinnerte sich noch gut an seine Begegnung mit dem bunten kleinen Vogel.

Seltsam: Erst jetzt verstand er die Worte dieses Lehrers mit dem Herzen. Als er Dashan davon erzählte, nickte der nur: »Ja, mein Lieber, es ist nicht so schwierig mit dem Geheimnis der Gelassenheit, doch du musst es von vielen Seiten betrachten, damit du es wirklich klar erkennst. Was dir vielleicht wie eine Wiederholung erscheint, ist niemals ein Umweg, sondern Teil deines

Weges! Aus verschiedenen Blickwinkeln betrachtet ist die gleiche Sache niemals wirklich dieselbe ...«

Bao blieb noch ein paar Tage bei Dashan. Er saß am Ufer des Flusses, beobachtete den Elefanten, wie er geduldig Tiere ans andere Ufer trug, beobachtete, wie leicht es ihnen fiel, sich ihm anzuvertrauen, und verstand.

Schließlich bedankte sich Bao bei seinem Lehrer und setzte seine Reise fort. Doch zuvor schrieb er noch auf ein Blatt:

Baos Bambusblattbibliothek

Nur wenn du aus ganzem Herzen gibst, wird dein Herz erfüllt und lebendig sein.

Indem du anderen Wesen mit Herzensgüte begegnest, befreist du dich von deinem eigenen Leiden.

Vergiss dich selbst nie, wenn du Mitgefühl kultivierst. Durch Selbstmitgefühl wird dein Leben leichter, und du fühlst dich dir selbst verbunden. Dies ist eine der stärksten Wurzeln der Gelassenheit.

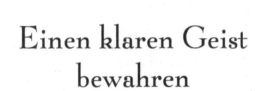

Einen klaren Geist bewahren

*B*ao lag im Gras und betrachtete den blauen Himmel, an dem weiße Wölkchen dahinzogen. »Ach, ihr Wolken habt es leicht«, dachte er. Vielleicht hatte er es sogar vor sich hingemurmelt, aber nur ganz leise.

»Ja, da hast du recht, Bao«, antwortete die Wolke, und ihre Stimme klang wie ein Wispern im Wind.

Bao fiel aus allen Wolken. Er blickte zweifelnd nach oben. »Hast du mit mir gesprochen?«, fragte er ungläubig und hoffte, dass ihn niemand dabei sah, wie er mit einer Wolke redete. Doch die Wolke antwortete!

»Ja, klar, kleiner Panda. Und ja, du hast recht: Wir Wolken haben es tatsächlich leicht. Nur das Nach-oben-Kommen ist die Schwierigkeit. Wenn du aber erst einmal mit klarem Geist hinabblickst, ist es erstaunlich, wegen welcher Kleinigkeiten sich die Wesen der Welt plagen, streiten, sorgen und bekämpfen!«

Bao staunte immer noch. Eine weise Wolke! Vielleicht kannte sie ja ein weiteres wichtiges Geheimnis der Gelassenheit, wer weiß? Die Wolke schien Baos Gedanken lesen zu können, denn schon hörte er wieder die Stimme im Wind.

»Nicht das Tun ist das Problem, Bao, sondern das Tun-Wollen.«

Wir können in unserem Leben nur dann tiefe Gelassenheit erfahren, wenn es uns gelingt, unsere Anspannungen loszulassen – nicht nur im Körper und in unseren Gedanken, sondern auch im Tun. Und das Beste ist dabei oft das Nichtstun.

Wie bitte? Das Nichtstun?

Vielleicht denkst du oft darüber nach, wie du richtig handelst, was du am besten tun solltest, wie du etwas bewirken oder verändern kannst. Und ebenso wie den meisten von uns stellen sich dir dann vermutlich alle Haare auf, wenn du daran denkst, nichts mehr zu tun. Na gut, zwischendurch mag es ja mal okay sein, alle Viere von sich zu strecken – zum Beispiel im Urlaub. Aber prinzipiell kann es doch wohl nicht richtig sein, einfach nur so herumzuhängen; das ist nicht nur asozial, sondern tut einem selbst auch nicht gerade gut, oder?

Stimmt genau. Nichtstun scheint in der Tat nicht besonders produktiv zu sein. Aber wie wäre es mit einem kleinen Gedankenexperiment, das es dir ermöglicht, einmal einen ganz anderen Standpunkt einzunehmen?

Also gut – hier ist es: Überleg dir zunächst einmal, ob es überhaupt möglich ist, absolut nichts zu tun. Immerhin bist du ja schon mal nicht tot – dein Stoffwechsel, deine Verdauung und deine Atmung arbeiten unentwegt, und auch dein Herz schlägt ohne Unterlass (hoffentlich!).

Doch davon abgesehen ist es auch sonst gar nicht so leicht, nichts zu tun, da einige Aktivitäten kaum abzustellen sind: Du machst dir Gedanken, stehst morgens auf, musst essen und trinken, gehst auf die Toilette und fühlst, was du fühlst. Zählen wir ruhig mal alle Dinge, die vielleicht nicht ganz, aber doch fast wie von selbst geschehen, auch noch zum

Nichtstun dazu. Wenn du einfach deinen natürlichen Impulsen beziehungsweise deiner Natur folgst, tust du nicht wirklich etwas, da du dich dabei nicht von deiner Willenskraft und deinem Kopf leiten lässt.

Daoisten – Philosophen im Alten China wie Laozi (oder Laotse) – machten es zum zentralen Prinzip ihrer Weltanschauung, der eigenen Natur zu folgen, und sie nannten dieses Prinzip *Wu Wei*. Wu Wei ist Chinesisch und bedeutet an sich nichts anderes als »Nicht tun« oder »Nicht handeln«. Aber wohlgemerkt: Das ist hier absolut positiv gemeint!

Sinn der Sache ist es natürlich nicht, auf der faulen Haut zu liegen, zu grübeln oder sich durch die Fernsehprogramme zu zappen. Stattdessen geht es darum, die Dinge so natürlich wie möglich geschehen zu lassen, ohne dauernd eingreifen zu wollen – und das ist gar nicht mal so leicht.

Wenn wir ständig das Gefühl haben, »irgendetwas tun zu müssen«, bringt diese Haltung sehr viel Hektik in unser Leben. Hinzu kommt, dass die Folgen unserer (oft unüberlegten) Taten leider öfter dazu führen, dass immer neue Probleme entstehen. Wu Wei lädt uns dazu ein, uns zu »enthalten«. Reden ist Silber, Schweigen ist Gold – Aktionismus führt zu Nervosität, »Nichtstun« und Ruhe im Körper hingegen zur Gelassenheit.

Das, was natürlicherweise notwendig ist, geschieht meist ohnehin von selbst. Was dir guttut, fällt dir meist leicht. Und wenn du dich ein wenig von der Vorstellung verabschieden kannst, dass du dein Schicksal formen, die Dinge nach deinem Willen gestalten und die Welt verändern musst, wird es dir leichtfallen, das viele Tun loszulassen und dich auf das Wesentliche zu konzentrieren.

Der daoistische Weise Zhuangzi, der vor etwa 2300 Jahren in China lebte, schrieb: »Wenn du auf dem Wasser reist, eignet sich ein Boot dafür, da sich ein Boot auf dem Wasser leicht bewegt. Gehst du an Land, kommst du mit dem Boot nicht weiter – und wenn du es versuchst, wirst du dich nur ärgern, nichts erreichen und dir selbst schaden.«

Das ist dir natürlich auch klar; da muss man kein großer Weiser sein. Zhuangzi meint das aber ein wenig ironisch, und es steckt eine weiter gefasste Lehre dahinter. Es geht darum, dass es in der Regel nicht besonders sinnvoll ist, sich auf eine Sache zu versteifen, anstatt den natürlichen Gegebenheiten zu folgen. Was dir in dem Beispiel mit dem Boot völlig klar sein dürfte, ist auf einmal gar nicht mehr so deutlich, wenn es um deinen Alltag geht – um den Umgang mit alltäglichen Stresssituationen, mit Kollegen oder der Familie. Die Dinge verändern sich ständig. Mal ist es besser zuzuhören, mal ist es besser zu gehen. Mal ist es gut, etwas zu sagen, mal zu schweigen. Mal brauchst du ein Boot, mal solltest du zu Fuß weitergehen. Wann immer sich die Situation ändert, solltest du dich nicht darauf versteifen, unbedingt mit dem »alten Boot« weiterfahren zu wollen. Statt deinen Willen über das zu stellen, was da ist, ist es viel einfacher, loszulassen und dem natürlichen Weg zu folgen.

Wu Wei, die Philosophie des Nicht-Handelns, rät uns nicht dazu, stumpfsinnig »nichts« zu tun – im Gegenteil: Du musst wach und achtsam sein, um zu erkennen, wie die jeweilige Lage ist und wie du genau das tun kannst, was deiner Natur und den Umständen nach »wie von selbst« geht. In unserer To-do-Listen-Gesellschaft reagieren natürlich viele Menschen recht skeptisch auf die Idee der Weisen aus dem alten China. Fragen über Fragen drängen sich da auf: Führt dieses Nicht-Handeln nicht zu Stillstand, Passivität, zu Interesselosigkeit und Trägheit? Oder verführt es nicht gar dazu, den dunklen, zerstörerischen Neigungen des Unterbewussten zu folgen?

Das Missverständnis rührt daher, dass die Philosophie des Wu Wei in der Tat nicht leicht zu verstehen ist. Heute lautet das Motto in unserer Gesellschaft ja eher »Just do it!«. Nur wer ein Macher ist, durchsetzungsstark ist und möglichst eine Führungsposition besetzt, findet Beachtung. Ob derartige »Führer« die Welt jedoch zu einem besseren, harmonischeren Ort machen oder sie vielmehr ins Chaos stürzen, diese Frage stellt sich meist erst, wenn es zu spät ist.

Wenn du die Praxis der Wu-Wei-Philosophie in deinem Alltag umsetzen möchtest, heißt das natürlich nicht, dass du nicht mehr handeln darfst. Doch beim Handeln hörst du auf deinen Bauch und dein Herz. Und du bist ruhig genug, den Dingen ihren Lauf zu lassen, ohne ständig eingreifen zu müssen. Obwohl du äußerlich handelst, bleibst du innerlich friedlich und still – ohne Absicht und somit gewaltlos. Auch wenn du vielleicht kaum etwas anderes machst als bisher – die Kunst besteht darin, dich selbst beziehungsweise dein Ego aus jeglichem Tun rauszuhalten.

Im Yi Jing (I Ging), einem der ältesten klassischen chinesischen Texte, heißt es: »Ohne Absicht bleibt doch nichts ungetan, denn man ist nie im Zweifel, was man zu tun hat.«

Gelassen tun, was dein Herz dir sagt und was deshalb das Leichteste für dich ist – ist das nicht genau das, was dich glücklich und zufrieden macht?

Bao dachte darüber nach, was Yun, die Wolke, gesagt hatte. Schließlich sagte er vorsichtig: »Ja, das stimmt wohl. Wenn man sich all die Sorgen und Streitereien von ganz weit oben ansieht, sind sie wirklich lächerlich. Aber sich einfach nur treiben zu lassen? Ich weiß nicht, ob das der richtige Weg ist ...«

Yun ließ sich ein ganzes Weilchen durch das Blau des Himmels treiben, bevor sie antwortete: »Versuch doch einmal, es von oben zu sehen, kleiner Bär. Absichtslosigkeit bedeutet nicht, sich zu vernachlässigen. Es bedeutet, im Fluss mit den Dingen zu sein. Und wenn man sich langweilt, ist man das genauso wenig, wie wenn man aufgeregt ist.«

»Ach«, seufzte Bao. »Etwas ohne Absicht zu tun ist ganz schön schwierig ...«

»Das stimmt«, antwortete Yun. »Vor allem wenn du absichtlich absichtslos sein willst ...«

Wu Wei, die vollkommene Absichtslosigkeit, ist eine tolle, aber leider nicht jedermanns Sache. Den Dingen ihren Lauf zu lassen – das hört sich natürlich schön an, es ist aber wohl eher etwas für Fortgeschrittene auf dem Weg zur Gelassenheit. Doch zum Glück gibt es nie nur einen Weg zum Ziel. Vielleicht möchtest du daher mit etwas Einfacherem anfangen, das dem Zustand der Absichtslosigkeit schon sehr nahe kommt: Versuch doch öfter einmal, »in Fluss zu kommen«.

»Flow« (englisch »Fließen«, »Strömen«) bezeichnet den Zustand, in dem alles rund läuft. In der Motivationspsychologie spielt das Flow-Prinzip, das der Glücksforscher Mihály Csíkszentmihályi vor rund vierzig Jahren untersucht hat, eine zentrale Rolle. Bist du »im Flow«, so kannst du dein Bestes geben. Und zwar, ohne dich in irgendeiner Weise gestresst zu fühlen. Denn wenn du im Flow bist, bist du ganz bei der Sache, ganz und gar im Jetzt. Du gehst restlos in deiner Tätigkeit auf, bist völlig vertieft. In diesem Zustand hören alle Sorgen auf.

Damit du in Flow kommen kannst, sind drei Dinge nötig:

* Dein Können muss sich mit den Anforderungen die Waage halten. Wenn deine Fähigkeiten im Verhältnis zur Aufgabe zu gering sind, erlebst du Stress, nicht Flow. Sind die Anforderungen hingegen zu gering, empfindest du Langeweile. Und das ist ebenfalls eine Form von Stress.

* Du musst eine unmittelbare Rückmeldung zu dem bekommen, was du tust. Im Büro oder auch im Haushalt fehlt dieses Feedback oft. Wenn du etwas tust, aber nicht weißt, ob du auf dem richtigen Weg bist, kommt dir dein Handeln schnell fragwürdig oder sinnlos vor.

* Du musst dich vollständig auf das, was du tust, konzentrieren können. Wenn du ständig unterbrochen wirst, kannst du kaum in Flow kommen.

Die einfachste Methode, in den Zustand des Flow zu kommen, besteht darin, dass du es dir nicht unnötig schwer machst. Und es dir auch nicht schwer machen lässt, beispielsweise von deinem Chef.

Wir unterstellen jetzt einmal, dass es deinem Chef nicht in erster Linie darum geht, dass du dich wohlfühlst. Vielmehr sollst du eine Leistung bringen, um Gewinn zu erwirtschaften und die Firma am Laufen zu halten. Sollte dein Chef schlau sein, wird er dennoch dafür sorgen, dass du bei deinem Job im Flow sein kannst, denn genau dann bist du am leistungsfähigsten. Doch leider gibt es nicht so furchtbar viele schlaue Chefs. Daher ist es gut möglich, dass dir von oben viel Druck gemacht wird, was natürlich dazu führt, dass du gestresst sein wirst. Dann hilft alles nichts: Du musst eben selbst versuchen, in Flow zu kommen.

Wenn du in deiner Arbeit überfordert bist, ist das nicht schön. Und da du vielleicht dein Bestes geben und deinen Job behalten willst, tappst du leicht in die Falle, in die so viele Berufstätige heute tappen: Du arbeitest wie verrückt und versuchst mit aller Kraft, die unmöglichen Forderungen zu erfüllen. Da du aber immer wieder merkst, dass das nicht klappt, bricht dir der Angstschweiß aus und du bist im Dauerstress. Irgendwann stellst du dir dann die berechtigte Frage, wie lange es wohl noch dauern wird, bist du je nach Veranlagung ein Burn-out oder einen Herzinfarkt erleidest. Und natürlich brauchst du nicht viel Fantasie, um zu erkennen, dass dieser Weg dich sicher nicht zu mehr Gelassenheit führt.

Und wie sieht die Lösung aus? Sie besteht aus zwei Schritten:
* Erstens beginnst du damit, deinen Körper bei der Arbeit so gut wie möglich zu entspannen – vor allem jene Bereiche, die du für deine Tätigkeiten ohne Weiteres entspannt lassen kannst wie die Stirn, den Kiefer, die Schultern oder den Bauch. Dann richtest du deine Achtsamkeit ganz auf das, was du tust. Du arbeitest konzentriert in dem Tempo, bei dem du weder über- noch unterfordert bist. So läuft zumindest schon mal der erfüllbare Teil der Arbeit rund – und mit deinen Fähigkeiten wächst zugleich deine Gelassenheit. Ein guter erster Schritt …
* Zweitens nutzt du ein Mantra, das du dir innerlich immer wieder vorsagst: »Besser als optimal geht nicht.«. Dieses Mantra brauchst du nur dann, wenn immer noch mehr von dir gefordert wird. Dann werden nämlich Gedanken wie diese wach: »Wie soll ich das nur alles schaffen?«, »Ich bin auf meinen Job angewiesen, ich muss mich mehr anstrengen!«, »Ich kann einfach nicht mehr!« … Unterbrich die Grübelspirale so schnell wie möglich. Sag dir innerlich »Stopp!«, sobald du Stressgedanken dieser Art bemerkst. Und dann wende das Mantra an. »Besser als optimal geht nicht.«

Wenn du im Zustand des Flow arbeitest, leistest du am meisten. Dann bist du viel effektiver, als wenn du unter Stress stehst. Solltest du die Vorgaben trotzdem nicht erfüllen können, nützt es dir nichts, in die Burn-out-Falle zu gehen. Durch Versagensängste, Sorgen um mögliche Konsequenzen, Selbstzweifel oder Wut über deine Lage vergeudest du einen erheblichen Teil deiner Energie, wodurch nicht nur deine Stimmung, sondern auch deine Leistung leidet. Produktivität ist dann ebenso unmöglich wie Zufriedenheit oder Gelassenheit. Mach dir deshalb in schwierigen Momenten immer wieder bewusst: »Besser als optimal geht nicht – basta!«

Und was, wenn Überforderung gar nicht dein Problem ist, sondern eher das Gegenteil: Unterforderung, Langeweile und Eintönigkeit? Buddha sagte, dass die Extreme nie zum Glück führen und dass es daher wichtig ist, die Mitte zu wahren. Die Saite einer Geige reißt, wenn sie zu stark gespannt wird. Ist sie jedoch zu locker, kann kein schöner Klang entstehen – die Stimmung stimmt dann einfach nicht.

Auch bei der Arbeit ist es wichtig, die richtige Stimmung zu erzeugen, und das ist im Idealfall Flow. Sind die Anforderungen zu hoch, solltest du wie gesagt versuchen, trotzdem locker und entspannt zu bleiben, und dich daran erinnern, dass du nun einmal nicht mehr tun kannst, als hundertprozentig dabei zu sein. Doch auch im umgekehrten Fall solltest du dafür sorgen, dass du im Flow arbeiten kannst. Der Trick besteht dann darin, es dir »schwerer« zu machen.

Klingt dieser Rat ein wenig bizarr? Ganz bestimmt sogar. Und doch gibt es nur eine Möglichkeit, eintönige Arbeit in sinnvolle Tätigkeit zu verwandeln: Du musst die Anforderungen an dich selbst erhöhen. Denn auch wenn du das vielleicht nicht so unmittelbar spüren solltest – Langeweile zerstört die Gelassenheit ebenso wie Hektik und Zeitdruck. Ein klarer, freier Geist führt zu Stabilität und Gelassenheit. Wenn wir unter Druck arbeiten müssen, ist es schwer, den Überblick zu bewahren und die Dinge klar zu sehen. Doch auch wenn die Routine unser Tun beherrscht, verlieren wir die Klarheit unseres Geistes und versinken in Stumpfsinn und Monotonie.

Es gibt vier effektive Methoden, durch die du monotone in interessante Jobs verwandeln kannst, ohne gleich den Arbeitgeber wechseln zu müssen – Achtsamkeit, Vollkommenheit, Offenheit und Kommunikation.

1. Achtsamkeit: Du fährst Päckchen durch die Gegend, ordnest Akten von A bis Z, stehst am Fließband oder arbeitest im Callcenter? Ganz gleich, was du tust und wie langweilig es dir erscheint, du kannst jede Arbeit in eine Achtsamkeitsmeditation verwandeln. Das funktioniert sogar umso besser, je gleichförmiger ein Job ist. Tu äußerlich genau das, was du immer tust, doch tauche innerlich ganz in den Moment, in das Hier und Jetzt ein. Nimm Kontakt zu deinem Körper auf, spür deine Haltung und deinen Atem. Wandere innerlich immer wieder einmal von oben nach unten durch den ganzen Körper; bei diesen kurzen »Bodyscans« solltest du auf Empfindungen von Wärme und Kälte, Schwere oder Anspannungen achten. Mach dir ferner bewusst, dass es in deinem Körper immer auch Bereiche gibt, in denen Muskeln entspannt sind. Indem du dich auf entspannte Muskeln fokussierst, kannst du ein Gefühl von Ruhe entwickeln und die Entspannung immer weiter ausdehnen.

Interessant, aber nicht ganz einfach ist es auch, die eigenen Gedanken achtsam wahrzunehmen, ohne sich in ihren Inhalt zu verstricken. Nicht zuletzt kannst du deine Aufmerksamkeit aber auch auf die Tätigkeit an sich richten und Feinheiten wahrnehmen lernen. Durch Achtsamkeit wird jede Tätigkeit anspruchsvoll, und je achtsamer du bist, desto erfüllender wird sie werden.

2. Vollkommenheit: Hier geht es nicht um Perfektionszwang oder darum, wie ein Roboter zu arbeiten. Doch du kannst bei jedem Tun »Vollkommenheit« anstreben, indem du versuchst, das, was du tust, so perfekt, fließend und optimal wie nur möglich zu tun. Selbst dann, wenn du etwas eher Langweiliges machen musst, wie etwa Regale einzuräumen oder Briefe zu sortieren. Es »perfekt« im Sinne von professionell zu tun, ist viel befriedigender, als die Zeit abzusitzen.

»Wenn ich diese Sache nun einmal mache, dann will ich sie auch hundertprozentig machen« – das ist die Einstellung, die dir dabei hilft, in Flow zu kommen und Langeweile aufzulösen.

3. Offenheit: Kultiviere deine Neugier. Stell Fragen. Keine Tätigkeit ist isoliert – immer gibt es einen großen Zusammenhang. Wer steht hinter der Firma? Wie wird hier Geld verdient? Wie hilft das, was du hier tust, anderen Menschen? Worin genau besteht eigentlich dein Job? Wo sind die Schwachstellen im Betrieb, wo die Stärken?

Versuch, dich für alle Einzelheiten deiner Tätigkeit zu interessieren. Selbst bei scheinbar sehr simplen Tätigkeiten sind die Zusammenhänge oft extrem komplex. Mit der Kenntnis der Details wachsen deine Qualifikation, deine Befriedigung und nicht zuletzt auch deine Gelassenheit.

4. Kommunikation: Bei fast allen Jobs spielen andere Menschen eine große Rolle. Wir begegnen unseren Kollegen, Chefs, Auftraggebern oder Kunden nahezu täglich. Eine einfache Möglichkeit, in Flow zu kommen, besteht darin, dass du die Menschen in den Mittelpunkt deiner Aufmerksamkeit stellst. Achte auf die menschlichen Interaktionen in deiner Arbeit. Versuch die verschiedenen Ebenen der Kommunikation zu durchschauen. Wie redet ihr miteinander oder übereinander?

Kannst du offener und mitfühlender auf deine Kollegen zugehen? Gelingt es dir vielleicht sogar, achtsamer zuzuhören? Auf diese Weise kannst du im Job eine Fähigkeit entwickeln, die dir in jedem Bereich deines Lebens weiterhelfen wird. Gewaltfrei und achtsam zu kommunizieren ist ein effektiver Weg, Langeweile zu vertreiben und gelassener zu werden.

Und nun kommen wir noch einmal zum Wu Wei, zum Nicht-Handeln zurück. Im Flow zu sein ist wunderbar, und solange du bei deiner Arbeit wirklich im Flow bist, geht es dir gut. Doch im Flow mit dem ganzen Leben zu sein ist noch einmal etwas ganz anderes. Und das lässt sich nur durch absichtsloses Handeln verwirklichen. »Nichts zu tun« beziehungsweise »absichtslos zu handeln« ist wahrscheinlich schwieriger, als du denkst. Du kannst es ja einmal ausprobieren, wodurch du es gleichzeitig ein wenig übst.

Nichts tun

Versuch einmal, eine halbe Stunde lang nichts zu tun. Stell jede Tätigkeit ein. Schalt den Fernseher nicht ein, lies nicht und versuch auch nicht, über ein bestimmtes Thema nachzudenken.

Wenn du das längere Zeit machst, wirst du sicher eine ganz banale Erfahrung machen und verstehen, was »absichtsloses Handeln« bedeutet: Nämlich spätestens dann, wenn du Durst bekommst oder auf die Toilette musst. Du wirst an diesem selbstverständlichen, natürlichen Drang merken, wie einfach es ist, das zu tun, was dir deine Natur vorgibt.

Jemanden anzurufen, etwas zu lesen oder joggen zu gehen erfordert einen Plan, eine mentale Aktivität. Dass du aufs Klo gehst, wenn du den Drang verspürst, nicht. Wenn du jedoch weniger deiner Absicht und den Plänen deines Verstandes als vielmehr deiner Spontaneität vertraust, wirst du merken, dass es auch möglich ist, weitgehend absichtslos zu telefonieren, zu lesen oder zum Joggen zu gehen. Du folgst dabei einfach deinem spontanen, natürlichen Impuls – dann spürst du genau, wann du dich bewegen oder wann du dich ausruhen musst.

Ist es überhaupt möglich, die Philosophie der Absichtslosigkeit im modernen Alltag umzusetzen? Schließlich hast du sicher einen Job, der absichtsvolles Tun verlangt. Dennoch kannst du dem Wesen der Absichtslosigkeit näher kommen, indem du ein paar Dinge veränderst, die Unruhe bringen.

Erster Schritt: Ohne Ablenkung sein. Versuch, Ablenkungen im Alltag so weit wie möglich abzustellen. Auch wenn wir bei vielen Dingen, die wir tun, glauben mögen, absichtslos zu handeln, lassen wir unseren Geist dabei in Wirklichkeit doch nur träge treiben. Stundenlang in den Fernseher oder Computer zu starren entspricht nicht unserer Natur. Es hat nichts mit dem Von-selbst-geschehen-Lassen zu tun, das mit unserem inneren Wesen harmoniert, sondern ist vielmehr eine Routine, eine Ablenkung und manchmal wohl auch ein Zwang, den wir uns im Laufe der Zeit angewöhnt haben. Du verspürst vielleicht den inneren Drang, dich zu entspannen und abzuschalten. Dann entspann und schalt ab – nicht ein.

Schritt zwei: Nur eine Sache auf einmal. Gib den Versuch auf, verschiedene Dinge auf einmal zu machen. Natürlich kannst du im Prinzip mit dem Handy telefonieren und Kekse essen, während du Auto fährst und das Radio läuft. Gleichzeitig kommunizieren, genießen, auf den Verkehr achten und Musik hören kannst du jedoch nicht. Dein Gehirn saust die ganze Zeit blitzschnell zwischen den Tätigkeiten hin und her – und am Ende tust du nichts richtig, sondern alles nur so halb. Bestenfalls. »Multitasking« ist eine Illusion. Du kannst immer nur einen Schritt gehen, nie zwei gleichzeitig. Und so ist es mit allem Tun. Tauch daher tief in das ein, was du tust, und sei es nur Geschirrspülen oder Putzen. Dann kommst du in Flow oder erreichst vielleicht sogar den meditativen Zustand absichtslosen Handelns – auf jeden Fall aber wirst du dadurch gelassener werden.

Schritt drei: Werde neugieriger. Neugierig zu sein klingt in manchen Ohren eher negativ. Dabei ist Neugier einer der Wege, die zu absichtslosem Handeln führen – und zu neuen Erfahrungen, zu Wachstum und Wachheit. Junge Menschen (und Tiere) sind noch sehr neugierig; und da sie sich für alles Neue interessieren, lernen sie ungeheuer viel. Doch Neugier sollte nicht aufhören, nur weil wir ein bestimmtes Alter erreicht haben. Neugier ist ein Drang, der in jedem von uns lebt. Und das aus gutem Grund, denn ohne neugierig und offen zu sein, können wir uns nicht weiterentwickeln.

Auch auf dem Weg zur Gelassenheit ist Neugier erstaunlicherweise ein Schritt, der dich weiterbringt: Neugier überwindet Angst, macht Wut unnötig und steht im Gegensatz zu Traurigkeit und Niedergeschlagenheit. Kultiviere deine Neugier – und du kultivierst Gelassenheit!

Und wie soll das gehen? Ganz einfach: Schau genauer hin. Wenn du beginnst, »tief zu schauen«, wird vieles interessanter. Statt zu sagen: »Ach, das kenn ich schon«, solltest du kurz innehalten, noch einmal genauer hinsehen und staunen.

Ob du durch eine Stadt gehst, einen Menschen triffst, den du schon lange kennst, oder dein übliches Abendbrot isst – öffne die Augen, die Ohren, die Sinne. Schaue, horche, schmecke und spüre intensiver. Achte auf Dinge, die dir sonst entgehen und dir bisher nicht aufgefallen sind, beispielsweise indem du dein Blickfeld erweiterst und weiter nach oben schaust als sonst. Du kannst deine Neugier auch wecken, indem du dich für Neues öffnest – neue Länder, andere Musikarten, exotische Gewürze oder auch nur ein neues Shampoo.

Indem du das Staunen und die Neugier weckst, erwachen auch Heiterkeit, Lebensfreude und Gelassenheit.

Bao staunte: »Neugier ist gar nichts Schlechtes. Neugierig zu sein ist ja viel besser, als ich dachte!«

Das Rauschen im Wind, das Yuns Stimme war, klang fast wie ein Lachen. »Ja, das ist sie. Sie ist etwas Wunderbares, und niemand kann sie aufhalten!«

Boa hätte sich gern noch länger mit der Wolke Yun unterhalten und von ihr gelernt. Doch ein kräftiger Wind kam auf, und Yun verschwand in weiter Ferne.

Bao winkte ihr zu, bis sie ganz hinter dem Horizont verschwunden war. Dann schrieb er auf ein Blatt:

Baos Bambusblattbibliothek

Ein klarer Geist führt zu Gelassenheit. Gelassenheit führt zu einem klaren Geist.

Tu das, was du tust, mit ganzem Herzen, und komm in Einklang mit deinem inneren Wesen. Plane nicht zu viel, sondern öffne dich für die Kraft der Absichtslosigkeit.

Neugier weckt den trägen Geist und vertreibt Wut, Angst und Sorgen.

Die Freude wecken

*B*ao hatte seine Wanderung fortgesetzt – die Gelassenheit, das wusste er nun, war kein Ort in der Welt, sondern war, wenn sie denn irgendwo sein konnte, in ihm selbst. Als er daran dachte, musste er lächeln. Was hatte er sich nur immer für Sorgen gemacht. Wie unnötig! Sein Weg war das Ziel – und war es schon die ganze Zeit gewesen.

Unbeschwert und mit klarem Geist durchquerte Bao karges Grasland, schattige Haine, schroffe Gebirge und weitläufige Wälder. Immer wieder begegneten ihm dabei andere Wesen; manchmal konnte er etwas von ihnen lernen, doch immer öfter war er es nun, der zu ihrem Lehrer wurde. Sein Lächeln wurde breiter. Wer hätte das gedacht? Bao, der Angsthase, der Nervöse, der Wütende war nun zu einer Quelle der Ruhe für andere geworden!

Gerade war er in diese Gedanken versunken, als er auf einem hohen, steilen Felsen eine Ziege sah. Es sah ziemlich gefährlich aus, wie sie dort herumturnte. Die Felsen waren kantig, und es gab nur winzige Vorsprünge, auf denen die Ziege Halt finden konnte. Und dennoch sprang sie unbeschwert von Felsvorsprung zu Felsvorsprung, und aus der Ferne schien es, als würde sie grinsen. Bao sah ihr staunend zu.

Was machte sie da nur? Er konnte keinen Sinn in ihren Sprüngen sehen.

Schließlich bemerkte sie Bao und war in wenigen Sätzen bei ihm. Mit sanfter Stimme sagte sie: »Willkommen, Bao! Ich bin Yang.«

Bao war verblüfft. »Wieso kennst du meinen Namen?«

Die Ziege lachte und zwinkerte ihm zu. »Ein kleines Vögelchen hat ihn mir gezwitschert …«

Bao dachte zunächst, sie wolle ihn verspotten, doch dann erinnerte er sich an Niao, den regenbogenbunten Vogel, seinen früheren Lehrer, und nickte.

»Ist das, was du da auf den Felsen machst, nicht ziemlich gefährlich?«

Yang lachte und blinzelte Bao an: »Für einen Panda wäre es das vielleicht, aber für eine Bergziege wie mich ist es Ausdruck der freudigen Hingabe.«

»Der freudigen Hingabe?«, Bao schaute verwundert. »Das hört sich schön an, aber für mich ist es wichtiger, das Geheimnis der Gelassenheit zu entdecken.«

»Oh – und du glaubst wirklich, dass du Gelassenheit findest, ohne das Wunder der Freude zu ergründen?«

Jetzt wurde Bao neugierig, und Neugierde, das wusste er ja von Yun, der Wolke, war schließlich etwas Gutes. »Dann will ich gern hören, was dieses Wunder der freudigen Hingabe ist. Kannst du mir etwas darüber erzählen?«

»Aber ja doch, gern«, sagte Yang. »Ohne Hingabe und Begeisterung ist Gelassenheit ein bisschen langweilig. Und ohne tiefe Freude sind Hingabe und Begeisterung blind.«

Begeisterung ist etwas Großartiges. Vielleicht hast du dieses Gefühl schon lange nicht mehr gehabt – doch bestimmt hast du irgendwann in deinem Leben Dinge mit Begeisterung getan. Jedes Kind kennt diesen ekstatischen Zustand, ganz in sein Spiel vertieft zu sein. Und natürlich lassen sich auch viele Erwachsene nach wie vor von ihrer Begeisterung lenken – etwa beim Sport, in der Musik oder in den meisten kreativen Berufen. Doch auch jeder, der schon einmal verliebt war und sich einem Menschen ganz und gar hingegeben hat, kennt zweifellos das freudige Gefühl der Begeisterung.

Begeisterung ist ein Rausch, der uns besonders leistungsfähig, zufrieden und glücklich macht. Doch wichtiger noch als die Begeisterung ist die Hingabe. Begeisterung ist wie ein junges Pferd – ungestüm und etwas unberechenbar. Hingabe ist beständiger – sie sucht nicht nach Rauschzuständen um des Rausches willen und hat einen längeren Atem. Wenn der lustvolle Zustand der Begeisterung nämlich erst einmal zu einer Droge wird, kommt es zu Nebenwirkungen. Dann hast nicht du die Begeisterung, sondern die Begeisterung hat dich. Ist der Kick vorbei, folgt meist der Kater und manchmal sogar die Depression.

Begeisterung ist grundsätzlich trotzdem positiv, denn sie verbindet dich mit deiner Lebendigkeit. Und in jede Begeisterung mischt sich immer auch eine Portion Hingabe, weshalb Begeisterung ein schneller Weg zur Hingabe ist, um die es eigentlich geht.

Was ist Hingabe? Hingebungsvoll zu handeln bedeutet, mit ganzem Herzen in eine Sache einzutauchen. Da dein Geist dabei stark fokussiert ist, kommen die umherirrenden Gedanken und Gefühle zur Ruhe. Gepaart mit Gelassenheit, Offenheit und Mitgefühl führt Hingabe auf schnellstem Wege ins Glück.

Bao hatte Yang, der Bergziege, genau zugehört. Ohne Hingabe und Begeisterung ist Gelassenheit etwas langweilig, hatte sie gesagt. Bao nickte. »Ja, das leuchtet mir ein! Und ich habe mich der Suche nach dem Geheimnis der Gelassenheit ja auch ganz hingegeben.«

Yang schüttelte jedoch den Kopf. »Sicher, Bao, du hast dich der Suche hingegeben. Das ist eine gute Sache. Aber dir ist schon klar, dass du so nie zum Geheimnis gelangst, oder?«

Bao zuckte zusammen. Der Gedanke war ihm noch nie gekommen. »Wieso denn das?«, fragte er besorgt.

»Nun«, antwortete Yang, »weil du dich zwar der Suche hingibst – aber leider nicht dem Finden!«

Bao lachte erleichtert. »Ach so – das ist lustig.«

Doch als Yang über ihren eigenen Witz nicht mitlachte, kam ihm, dass das, was Yang gesagt hatte, vielleicht gar nicht als Spaß gemeint gewesen war ... Bao dachte ein wenig nach und schließlich dämmerte ihm, was Yang hatte sagen wollen. »Du meinst also, ich kann das Geheimnis der Gelassenheit nicht finden, wenn ich mich ganz der Suche hingebe. Denn wenn ich das Geheimnis fände, wäre die Suche, an die ich mich hingebe, plötzlich fort?«

Yang grinste breit: »Er hat's begriffen!«, rief sie und machte einen Luftsprung.

Bao wurde nachdenklich: »Und deshalb fürchte ich mich davor zu finden, weil ich dann ja nicht mehr suchen könnte ...«

»Genau. Und da du ja ziemlich schlau zu sein scheinst, weißt du sicher auch, was die Lösung für dein Problem ist.«

Bao schüttelte traurig den Kopf. »Nein, keine Ahnung. Wenn ich mich der Suche nicht mehr hingebe, suche ich nicht. Und wenn ich es tue, finde ich nicht.«

Yang lachte laut. »Oh weh – das klingt ja alles schrecklich deprimierend. Probier's doch mal mit mehr Freude!«

Bewusst auf der Suche nach dem Glück zu sein ist an sich schlau – denn auch wenn jeder Mensch im Grunde glücklich sein will, wissen die meisten doch gar nicht, dass sie auf dieser Suche sind. Daher tun viele Menschen ja auch so seltsame Dinge: Sie sitzen beispielsweise stundenlang vor dem Fernseher, rauchen, essen viel zu viel, betrügen oder bestehlen andere, um an mehr Geld zu kommen, trinken Schnaps oder werden kaufsüchtig ... Und all das nur, weil sie sich eigentlich nach etwas ganz anderem sehnen: nach Glück und Geborgenheit.

Gelassenheit ist hier sehr heilsam: Nur indem wir unbedeutende Dinge, an die wir unser Herz allzu leichtsinnig gebunden haben, loslassen, können wir einen Geschmack davon bekommen, was wirklich und dauerhaft befriedigend ist.

Doch so wohltuend es ist, gelassen zu sein – die Freude sollte noch dazukommen. Die Freude schützt uns davor, verbissen zu werden. Gerade wenn wir hingebungsvoll handeln, sind Freude und Heiterkeit nötig, damit wir nicht »abheben«. Ohne Gelassenheit und Freude ist Hingabe gefährlich. Das können wir an religiösen Fanatikern sehen. An Hingabe fehlt es ihnen nicht, denn schließlich geben sie sich ganz ihrem Glauben hin. Doch wenn es sein muss, gehen sie dabei über Leichen. Auch Terroristen handeln durchaus mit Hingabe. An Gelassenheit und Freude fehlt es ihnen jedoch komplett, weshalb sie verbittert gegen alles ankämpfen, was nicht in ihre engen Vorstellungen passt.

Wenn du hingebungsvoll bist – und das wäre toll, denn nur wenige Menschen sind überhaupt dazu in der Lage, so tief in etwas einzutauchen –, dann solltest du immer prüfen, ob du dabei auch mitfühlend und gelassen bleiben kannst. Und wenn du nicht sicher bist, so gibt es einen einfachen Test: Frag dich, ob du Freude empfindest und die Sache mit Humor sehen kannst.

Wenn du spielst, dann tauch ganz in das Spiel ein. Hab Spaß daran! Wenn du meditierst, tauch tief in das Jetzt ein. Und wenn du einen Menschen triffst, dann versuch wirklich achtsam zuzuhören und mitfühlend zu handeln und zu sprechen. Indem du dich dem Augenblick vollkommen hingibst, sagst du Ja zu deinem Leben – zu dir selbst und zu anderen.

Die Gefahr besteht darin, dass wir uns zu sehr auf das Ergebnis fixieren. Wir wollen etwas erreichen – das Spiel muss gewonnen werden, die Meditation muss uns entspannen und das Treffen mit der Freundin muss zu einem Ergebnis führen, am besten dazu, dass wir »das Problem für sie lösen« konnten.

Bist du auf Resultate fixiert, öffnest du Unzufriedenheit, Unruhe und Enttäuschung Tür und Tor. Handelst du jedoch mit Freude und kannst auch mal über dich selbst lachen, so führt dich dieser Weg direkt zu einer Haltung der Gelassenheit, da du viel entspannter bist.

»Weißt du, Bao«, sagte Yang, »es gibt eine Kunst, die sowohl Gelassenheit als auch Freude mit sich bringt: die Kunst des inneren Lächelns.«

Das kam Bao sehr bekannt vor. Ja, hatte sein Lehrer, der Affe, nicht genau das gesagt, als er ihn die Kunst des Atmens gelehrt hatte? Genau! »Das kenne ich! Ich hatte einen Lehrer, Hou-Tse ...«, rief Bao.

»Ah!« Yang nickte. »Der liebe Hou-Tse. Ja, den kenne ich gut. Er ist in der Tat ein sehr guter Lehrer für das innere Lächeln. Aber warst du auch ein guter Schüler?«

Bao blickte beschämt zu Boden. Er hatte zwar seinen Atem geübt, doch nun fiel ihm ein, dass er das Lächeln, das ihm Hou-Tse eigentlich auch ans Herz gelegt hatte, ganz vergessen hatte. Er blätterte in seinen Aufzeichnungen: »Lächeln macht dich immer ein klein wenig froher und gelassener«, las er. Wie hatte er das nur übersehen können? Er hatte doch gerade deswegen begonnen, seine Einsichten aufzuschreiben, damit er nichts vergaß!

Yang schien ihm anzusehen, was ihn bewegte. »Nun, es ist nicht so schlimm, wenn du das vergessen hast«, tröstete sie Bao. »Außerdem ist das richtige innere Lächeln auch gar nicht so leicht zu lernen. Es wird schon einen Grund gehabt haben, dass du diesen Punkt vergessen hast. Vielleicht war es einfach noch nicht an der Zeit. Jetzt aber ist die Zeit dafür gekommen. Doch bevor du dich am inneren Lächeln probierst, wie wär's, wenn du es erst einmal mit Lachen probieren würdest?«

»Ach, Yang – eigentlich ist mir gar nicht zum Lachen, wenn ich daran denke ...«, meinte Bao.

»Dann erst recht!«, unterbrach Yang ihn und fing an, laut zu lachen.

In Momenten der Erleichterung oder Befreiung lachen wir – beispielsweise bei der Pointe eines Witzes. Doch du kannst den Weg auch in der anderen Richtung benutzen: Wenn du lachst, befreist du dich augenblicklich von Lasten.

Darum lache, so oft es geht. Und zwar gerade auch dann, wenn dir eigentlich gar nicht zum Lachen zumute ist, weil dich etwas belastet. Ob deine Gedanken und Gefühle nun in Ängsten, Wut oder Traurigkeit feststecken: Lache!

Wenn du das ausprobierst, wirst du merken, dass es natürlich erst einmal sehr künstlich ist, »auf Befehl zu lachen«. Das macht aber nichts. Betrachte es einfach als eine Art körperliche Übung, die dir hilft, der Gelassenheit ein Stück näher zu kommen. Auch beim Lachyoga steht das grundlose Lachen im Mittelpunkt, und die Erfahrung zeigt, dass wir über die motorische Ebene, also das »künstliche Lachen«, schnell zu einem echten Lachen übergehen. Und da Lachen eine effektive Methode ist, schnell ein wenig gelassener und lockerer zu werden, sollte uns auch dieses Mittel recht sein. »Fake it, until you make it«, oder zu Deutsch: »Tu so, als ob, bis es wirklich wird« – das funktioniert bei der Freude besonders gut.

Ein Polizist sieht auf seinem Streifengang einen Mann, der einen Pinguin an der Hand spazieren führt. Der Mann kommt direkt auf ihn zu und fragt: »Guten Tag, Herr Wachtmeister – haben Sie vielleicht eine Idee, was ich mit dem Pinguin machen kann?«

»Nun ja«, antwortet der Polizist. »Ich würde mit ihm in den Zoo gehen.«

»Ja! Das ist eine prima Idee, vielen Dank!«

Am nächsten Tag sieht der Polizist denselben Mann – wieder mit dem Pinguin an seiner Seite. Neugierig fragt der Beamte: »Entschuldigen Sie, aber was ist denn nun? Ich dachte, Sie wollten mit dem Pinguin in den Zoo.«

»Ja«, antwortet der Mann fröhlich. »Das war auch wirklich eine gute Idee. Gestern waren wir im Zoo. Und heute gehen wir ins Kino!«

Machen wir uns nichts vor: Es gibt viele Situationen, in denen es unangebracht wäre, lauthals zu lachen. Im eigenen Bad oder Auto ist das sicher kein Problem, doch wenn dein Chef ein ernstes Gespräch mit dir führt, du in der Straßenbahn sitzt oder eine Rede vor einer Trauergemeinde halten musst, wäre es, nun sagen wir einmal: etwas unangemessen, Lachtränen zu versprühen. Die Leute wären vermutlich ganz schön schockiert. Für solche Situationen, aber auch für alle anderen Lebenslagen, ja sogar inmitten der Meditation ist es gut, die Kunst des inneren Lächelns zu kultivieren.

Die Kunst des inneren Lächelns

Das tiefe Ausatmen ist ein Geheimnis der Gelassenheit, das du in Stresssituationen sofort anwenden kannst. Vielleicht hast du das ja sogar schon ausprobiert und erste Erfahrungen damit gemacht. Ein weiteres Geheimnis der Gelassenheit, das du jederzeit im Alltag einsetzen kannst, ist: Lächeln!

Lächle Menschen grundlos an und sieh, wie positiv sie darauf reagieren. Lächle dir selbst zu und beobachte, wie das sofort dazu führt, dass du gelöster und gelassener wirst.

Du kannst das Ganze leicht vor dem Spiegel üben: Wenn du zu lächeln versuchst, wirst du natürlich zunächst einmal die Mundwinkel ein wenig nach oben ziehen. Das kann noch recht künstlich wirken, denn bei einem echten Lächeln kommt noch etwas hinzu: die Augen. Stell dir vor, dass deine Augenwinkel etwas nach oben und hinten gezogen werden. Bleib dabei aber entspannt, denn dein Lächeln soll ja nicht zur Grimasse werden – ein echtes Lächeln ist immer ein entspanntes Lächeln.

Es ist ganz normal, wenn dir dein Lächeln anfangs vielleicht noch etwas »unecht« erscheint. Das ist kein Problem. Wenn du eine Weile dabei bleibst, ein Lächeln nachzuahmen, wirst du schnell bemerken, dass du auf einmal wirklich lächelst. Das liegt daran, dass die Verbindung zwischen Körper und Geist keine Einbahnstraße ist: Du lächelst, weil du glücklich bist – und wenn du lächelst, wirst du dadurch umgekehrt schon ein Stückchen glücklicher.

Das »innere Lächeln« ist nun noch eine kleine Weiterführung dieser Vorübung. Dabei stellst du dir vor, dass du »mit dem Herzen lächelst«: Beim Lächeln versuchst du, ein warmes Gefühl der Güte und Heiterkeit aus dem Herzen strahlen zu lassen. In deinem Gesicht muss man davon gar nicht unbedingt etwas sehen. Nur ein guter Beobachter wird bemerken, dass deine Augen ein wenig mehr strahlen und dein Ausdruck entspannter und gelassener wird. In der Meditation wird dieses entspannte Lächeln daher auch oft als »Halblächeln« bezeichnet.

Ob im Sitzen, Stehen oder Gehen – es gibt unzählige Gelegenheiten, dieses Halblächeln zu üben. Vielleicht kriegst du den Dreh eher raus, wenn du dabei an ein kleines Kind denkst, das lächelnd einen Schmetterling oder ein Kätzchen anschaut. Je öfter du übst, desto leichter und selbstverständlicher wird es für dich sein, lächelnd durch den Tag zu gehen.

Lächeln ist ein »Gelassenheitsanker«, der sich wie ein Glückszaubertrank anfühlt – nimm einen Fingerhut voll davon, wann immer du aus dem Gleichgewicht zu kommen drohst. Oder in den Augenblicken, in denen du dich besonders tief entspannen willst, wie beispielsweise in der Meditation.

Lächeln und Lachen sind wunderbare Dinge. Im wahrsten Sinne des Wortes: Sie bewirken das Wunder, schlechte Stimmungen in Sekundenschnelle aufzulösen. Und da Gefühle ansteckend sind, kannst du damit nicht nur die eigene schlechte Laune wegzaubern, sondern oft auch noch die der Menschen um dich herum.

Kultiviere den Humor. Lache und lächle, so oft du kannst. Das ist nicht schwer, denn vieles von dem, was geschieht, hat auch eine komische Seite. Gerade die kleinen Katastrophen des Alltags, die jeder von uns so gut kennt, sind oft halb so wild. Viele Dramen eignen sich gut, daraus eine Komödie zu machen. Wann auch immer etwas nicht deinen Wünschen entspricht und das Leben einfach nicht so will, wie du es gern hättest, hast du die Wahl. Wirst du weinen oder lachen? Wirst du dich ärgern, wütend werden, verzweifeln und alles und alle infrage stellen? Oder bleibst du lieber gelassen und heiter, lächelst und entspannst dich bei einer Tasse Tee oder einem Cappuccino?

Bao hätte sich noch gern länger mit Yang unterhalten und mit ihr gespielt. Eigentlich hatte er sogar Lust bekommen, auch einmal die Felsen in Angriff zu nehmen und ein wenig herumzuturnen. Doch er fühlte, dass es Zeit geworden war weiterzuziehen. Nachdem er sich von Yang verabschiedet und ihr noch einen kleinen Pandabären-Witz erzählt hatte, setzte er seine Reise fort. Doch zuvor schrieb er auf ein Blatt:

Baos Bambusblattbibliothek

Zu tun, was man liebt, ist immer richtig. Die Freude ist ein guter Lehrer.

Hingabe und Begeisterung werden erst durch Freude und Gelassenheit wertvoll.

Lächeln und Lachen sind Gelassenheitsanker, die du so oft wie möglich anwenden solltest.

Alles ist ein Spiel. Denke nicht zu viel – spiele!

Gut genug für mich

*D*unkle Wolken zogen am Himmel auf. Bao hatte gerade eine tiefe Felsenschlucht überwunden und war vom langen Wandern erschöpft. Er hatte sich während des ganzen Aufstiegs darauf gefreut, sich endlich ausruhen zu können und sich die Sonne auf den Pelz scheinen zu lassen, aber daraus wurde jetzt leider nichts. Schon fielen die ersten Regentropfen. Bao wollte in einer nahe gelegenen Höhle Schutz suchen – doch aus ihrem Inneren drang ein bedrohliches Fauchen und Knurren. Da Bao nicht nach Abenteuern zumute war, machte er lieber einen großen Bogen um den Höhleneingang, setzte sich unter einen starken Baum und dachte an seinen Lehrer Ibn Shu.

Der Regen wurde immer stärker, und das Blätterdach hielt nicht lange dicht. Nicht genug damit, dass ihm dicke Tropfen auf den Kopf klatschten, saß Bao auf den harten Wurzeln auch noch alles andere als bequem.

»Du siehst irgendwie unglücklich aus.« Eine Eidechse, die auf einem nahen Felsen saß, schaute Bao mitleidig an: »Wer bist denn du?«, fragte Bao.

»Ich heiße Shilong«, antwortete die Eidechse. »Warum bist du denn so grimmig?«

Bao fand Shilongs Frage reichlich aufdringlich. Doch eigentlich fühlte er sich ertappt. Er schwieg eine Weile und antwortete dann ein wenig genervt: »Tja – das ist ja wohl kein Wunder, wenn ich schlechte Laune habe, oder?« Bao deutete auf seinen nassen Kopf. »Im Augenblick passt hier wirklich gar nichts!«

Die Eidechse grinste und kniff die Augen zusammen: »Weißt du, Bao, ich glaube, du täuschst dich: Im Grunde passen die Dinge viel besser, als du denkst.«

Was brauchen wir, um glücklich zu sein? Was muss alles »passen«, damit wir in uns ruhen und ein wenig Frieden finden können? Von wie vielen Bedingungen machen wir unsere Zufriedenheit abhängig?

Für die meisten von uns müssen ganz schön viele Voraussetzungen erfüllt sein, damit »alles passt«, nicht wahr? Auf jeden Fall sollten wir schon mal gesund sein, eine warme Wohnung, etwas Geld auf der hohen Kante und den richtigen Partner haben. Aber das reicht natürlich noch nicht, denn um wirklich rundum zufrieden zu sein, sollte der Wein, der uns serviert wird, nicht etwa ein billiger Tischwein, sondern ein edler Barolo sein; das Auto muss picobello sauber sein, die Schnitthöhe unseres Rasens sollte nicht über drei Zentimeter liegen und, und, und.

Wer verrückt genug ist – und das sind mehr Menschen, als du vielleicht glaubst –, der verbringt einen großen Teil seiner wertvollen Lebenszeit damit, dafür zu sorgen, dass alles um ihn herum passt. Wie du dir denken kannst, kann das richtig anstrengend werden: Kleidung, Auto, Haus, Möbel, Garten, Computer, Figur, Aussehen, Wäsche, Geschirr – und dann erst noch der Keller … Wer das alles tipptopp haben will, muss ganz schön viel Energie hineinstecken.

Wenn du jedoch allzu viel Energie in die Gestaltung des Äußeren steckst, kann es dir leicht passieren, dass du irgendwann vollkommen »außer dir« bist. Je länger die Liste mit den Aufgaben wird, desto mehr Zeit verbringst du nämlich im Außen statt in dir selbst.

Es ist ein weit verbreiteter Irrtum zu glauben, dass wir nur glücklich werden können, wenn unsere Erwartungen weitgehend erfüllt sind. Das Paradies auf Erden zu genießen wäre sicher angenehm, doch bekanntlich sieht die Wirklichkeit anders aus: Es gibt nur selten Augenblicke, in denen wir das Gefühl haben, dass alles passt. Und wenn du genau hinsiehst, wirst du merken, dass auch in diesen kostbaren Momenten nicht so sehr die Umstände, als vielmehr dein innerer Zustand dein Glück bewirkt.

Heiterkeit und Gelassenheit entstehen, sobald du äußeren Bedingungen keine übermäßige Beachtung mehr schenkst. Manchmal läuft es im Leben gut, manchmal schlecht; so ist das eben. Wir können nicht alles kontrollieren. Oder besser: Eigentlich können wir sogar so gut wie nichts kontrollieren – zumindest nicht im Äußeren. Was unser Inneres betrifft, so haben wir schon etwas mehr Gestaltungsmöglichkeiten.

Du kannst nur gelassen werden, indem du loslässt. Und hier geht es nicht um Entrümpeln. Sicher – überflüssigen Ballast im Kleiderschrank oder im Bücherregal loszuwerden ist natürlich auch erleichternd. Doch viel wichtiger, als Dinge loszulassen, ist es, unsere Erwartungen loszulassen: Wenn wir auch dann noch heiter und zufrieden sein können, wenn unser Partner eine halbe Stunde zu spät zur Verabredung kommt oder wenn der Nachtisch ausfällt, erst dann nähern wir uns wirklich der Gelassenheit.

Eine Zen-Weisheit lautet: »Gut genug für mich.« Wirkt das abschreckend auf dich? In Wirklichkeit ist es einfach nur eine Einladung, unrealistische Ansprüche, die dich unglücklich machen, über Bord zu werfen.

»Gut genug für mich« ... Wenn du erst mal erkennst, dass dein Glück von keinerlei besonderen Bedingungen abhängt, kannst du dich viel leichter entspannen. Vor allem kannst du aber auch die Illusion loslassen, dass die Umstände *schuld* wären. Das sind sie nicht – oder in unseren Breiten jedenfalls so gut wie nie.

»Es regnet, *deshalb* habe ich schlechte Laune.«

»Meine Kollegin hat etwas Gemeines gesagt, *deshalb* bin ich ganz geknickt.«

»Ich habe Kopfweh, *deshalb* bin ich so aggressiv.«

»Der Börsenkurs ist abgestürzt, *deshalb* mache ich mir Sorgen.«

Egal, was in unserem Alltag passiert: Wir können versuchen, trotz allem gelassen zu bleiben. Auch wenn es regnet, können wir lachen. Auch wenn Leute dumme Dinge sagen oder finanzielle Probleme auftauchen, können wir gelassen damit umgehen. Sogar wenn wir krank werden und äußerlich im Grunde nichts mehr passt, kann innerlich immer noch alles passen. Vorausgesetzt natürlich, dass du das wirklich willst und die Kunst der Gelassenheit im täglichen Leben übst – und zwar immer wieder.

Bao sah verwirrt aus. »Wie meinst du das? Wieso soll mir das denn passen? Soll ich es etwa gut finden, dass der Regen mein Fell langsam durchnässt?« Die Eidechse war gerade auf einen Stein umgezogen, der neben Bao lag: »Nein – gut finden sollst du das nicht. Aber eben auch nicht schlecht«, meinte sie und lächelte.

Langsam verlor Bao die Geduld. »Aber ich bin nun einmal so, wie ich bin. Ich werde nicht gern nass. Und außerdem sitze ich lieber weich und bequem statt auf knorrigen Wurzeln.«

»Natürlich«, sagte Shilong, »und gegen persönliche Vorlieben ist ja auch nichts zu sagen, die sind vollkommen in Ordnung. Trotzdem: Es gibt sehr viele Umstände, in denen es ganz schön anstrengend werden kann, die Welt nach deinen Vorstellungen zu verändern. Und dann ist es besser, gelassen zu bleiben.«

»Ja, stimmt schon – und ich wäre es ja auch wirklich gern. Genau genommen sitze ich sogar nur deshalb hier, weil ich nach dem Geheimnis der Gelassenheit suche, weißt du? Doch was kann ich denn dagegen machen, wenn mir das, was passiert, nun einmal nicht gefällt?«, wollte Bao wissen.

»Was du da jeweils machen sollst, kannst natürlich nur du entscheiden. Wenn es wirklich unerträglich wird, solltest du wohl versuchen, etwas zu ändern. Sofern du aber gar nichts ändern kannst oder die Dinge vielleicht gar nicht so unerträglich sind, wie sie scheinen, ist es besser, loszulassen und dich in Genügsamkeit zu üben.«

Genügsamkeit und Bescheidenheit – klingt das für dich nach Entbehrungen? Nach Verzicht und Armut? Im Grunde geht es aber genau um das Gegenteil – nicht darum, dass du etwas verlierst, sondern darum, dass du etwas dazugewinnst: Denn nur wenn du es schaffst, mit Wenigem zufrieden zu sein, wirst du wirklich reich sein. Der reichste Mensch ist ja der, der alles hat, was er sich wünscht. Und wenn sich einer wenig wünscht und es deswegen auch stets bekommt – dann gehört er zu den ganz Reichen!

Stell dir einmal vor, wie viel Ärger, Stress und Zeitverschwendung du dir sparen könntest, wenn du mit der Einstellung »Gut genug für mich« durchs Leben gingest. Natürlich ist es dabei wichtig, wie du diesen Satz innerlich betonst: nicht verbissen und mit einer Opfermine, sondern lächelnd, mühelos und unbeschwert. Dann wird dir die Einstellung »Gut genug für mich« jedoch sehr viel mehr Gelassenheit und Freiheit schenken:

* Du musst dann nicht mehr dem »idealen« Job hinterherrennen und dich auch nicht über unfähige Kollegen aufregen.
* Du musst dann nicht den Traumpartner an deiner Seite haben und auch keine unnötigen Widerstände in deine Beziehung tragen.
* Es muss keine Crème brulée zum Nachtisch geben, und du musst auch nicht mit der Servicekraft über das spärliche Dessertangebot streiten.
* Du musst dann nicht recht um des Rechts willen kriegen und kannst viel Geld sparen, das du sonst für teure Anwälte ausgeben müsstest.
* Und mit dem Lieben Gott oder den Wetter- oder Fußballgöttern musst du selbst dann nicht mehr hadern, wenn es mal zwei Wochen lang durchregnet oder kein einziges Tor fällt.

Heißt das, dass du nur gelassen werden wirst, wenn du dir fortan alles gefallen lässt oder alles gut findest, was passiert?

Natürlich nicht! Darum geht es nicht, denn schließlich gibt es für alles Grenzen, und die solltest du auch klar zeigen. Doch oft wird es dir besser tun, deine Grenzen zu weiten, statt sie möglichst dicht zu machen – und das geht wahrscheinlich öfter, als du denkst. Ob du für eine Sache kämpfen oder lieber nachgeben sollst, kommt natürlich sehr auf die Situation an. Doch das Gute ist, dass du das von Fall zu Fall selbst entscheiden kannst – und auch musst. Bedenke aber, dass es meist viel mehr Kraft und Weisheit braucht nachzugeben als zu kämpfen, und dass wahre Nachgiebigkeit immer ein Zeichen von Stärke ist. Und wenn du unbedingt kämpfen musst – dann tu auch das gelassen.

Erwartungen loslassen

Diese einfache Meditation kannst du im Alltag regelmäßig anwenden – Gelegenheiten dazu gibt es genug. Und du wirst erstaunt sein, wie schnell du dich dadurch von Stress und Anspannungen befreien kannst. Zunächst ist es wichtig, das Problem, das diesen Stress auslöst, genau zu verstehen. Einfach gesagt geht es dabei um Folgendes: »Das, was du gern hättest, entspricht nicht dem, was du bekommst.«

Du willst ein Schloss und lebst in einer Hütte; du willst Austern und es gibt Kartoffeln; du willst bei deinen Kollegen mit deiner neue Idee glänzen und triffst in der Runde nur auf verständnislose Blicke – und all das verursacht natürlich Spannungen.

Erwartungen sind Gedanken, die sich auf die Zukunft beziehen. Wenn du etwas »erwartest«, dann »wartest« du darauf, dass etwas in einer besonderen Weise passieren wird. Doch wenn du es schaffst, das, was kommt, einfach kommen zu lassen, ohne bestimmte Erwartungen zu haben, wie es zu laufen hat, wird dein Leben schlagartig entspannter sein.

Wie kannst du das konkret anstellen? Ganz einfach: Du solltest dein Denken oder genauer gesagt deine jeweilige Erwartung genau beobachten; du musst dich also quasi dabei ertappen, wenn du etwas Bestimmtes erwartest oder erhoffst. Dann ordnest du diese Erwartung einer der drei folgenden Kategorien zu:

1. Erwartungen, was die *Umstände* betrifft, also Gedanken daran, wie das Wetter, das Hotel, der Urlaub, die Umgebung, der Verkehr … sein sollten.

2. Erwartungen, was *andere* betrifft, also Gedanken daran, wie Partner, Kollegen, Freunde, Kinder … sich verhalten sollten, was sie sagen oder nicht sagen sollten.

3. Erwartungen an *dich selbst*, also Gedanken daran, wie du auf andere wirkst, ob du scheiterst oder erfolgreich sein wirst, ob du deine Leistung bringen wirst, wie du aussehen sollst und dergleichen.

Beobachte zunächst die Erwartung. Formuliere sie: »Ich erwarte/möchte/hoffe, dass …« Und dann weise sie einer der drei genannten Kategorien zu.

Schließ dann kurz die Augen und stell dir vor, dass alles ganz anders kommt. Übertreib ruhig ein wenig und mal dir eine Szene wie aus einer schlechten Komödie aus. Versuch dir vorzustellen, was alles schiefgehen könnte …

Atme dann tief durch, lach über den inneren Film und lass los – alle deine Hoffnungen, deine Ängste, deine Erwartungen. Und denk daran: Es kommt sowieso immer so, wie es kommt.

In Situationen, in denen du es konkret mit enttäuschten Erwartungen zu tun hast und in denen die Dinge nicht so laufen, wie du es gern hättest, können dir folgende Sätze helfen. Am besten wiederholst du sie innerlich mehrmals langsam und entspannt:

* »Na und – so ist es eben!«
* »Was auch passiert – es ist gut genug für mich.«
* »Wie auch immer die Umstände sind – ich komme damit klar und bleibe gelassen.«
* »Kein Problem!«

»Bao, sag mal, wo fällt es dir leichter, gelassen zu bleiben – auf einer großen Wiese oder in der engen Schlucht, durch die du vorhin gekommen bist?« Shilong lächelte Bao, der immer noch recht betreten wirkte, interessiert an. »Hmmm – auf der Wiese natürlich. Ich war froh, als ich die Schlucht endlich hinter mir hatte. Aber was hat das mit Gelassenheit zu tun?«

»Na, das ist doch offensichtlich: Je mehr Raum du hast, umso besser kannst du atmen und umso freier kannst du dich bewegen. Ebenso wie die Felsen in einer engen Schlucht, so engt dich auch jede deiner Erwartungen ein. Je mehr Ansprüche du stellst, desto mehr Raum nimmst du dir damit weg und desto schwieriger wird es, die Ruhe zu bewahren.«

Bao schüttelte seinen Pelz. »Aber eigentlich wäre ich trotzdem lieber in der Höhle da drüben als hier«, meinte er.

»Und warum hast du dich dann nicht einfach reingesetzt?«, wollte Shilong wissen.

»Weil da irgendwas Gefährliches drin wohnt, das faucht und knurrt.«

»Ach so, ja – stimmt. Das ist die Höhle von Meizou, dem Puma, und der kann ganz schön schlecht gelaunt sein.«

»Genau deshalb sitze ich hier auch unter diesem dummen Blätterdach«, antwortete Bao.

Shilong sah den Panda eine Weile ruhig an, dann sagte sie: »Ach, Bao, weißt du was – das Blätterdach ist besser, als du denkst. Natürlich kommen ein paar Tropfen durch, aber es ist doch besser als nichts, oder?«

Bao schämte sich. Gerade er, der schon so lange dem Geheimnis der Gelassenheit auf der Spur war, sollte es eigentlich besser wissen. Als er lange nichts sagte, fuhr die Eidechse fort: »Versuch doch einfach, mit dem Geschenk zufrieden zu sein, das jeder Augenblick dir anbietet – auch wenn du es dir nicht ausgesucht hast.«

Bao schloss die Augen, blieb ruhig sitzen und versuchte, ein wenig zur Ruhe zu kommen. Er ließ den Atem kommen und gehen, wie er es gelernt hatte. Bao spürte, wie manche Tropfen, die immer noch durch die Blätter drangen, auf seinen Kopf fielen, doch er versuchte, sich nicht länger darüber zu ärgern. »Es regnet – na und!«, dachte er. »Das Blätterdach ist gut genug für mich ... gut genug für mich« – und je mehr er sich in diesen Gedanken vertiefte, desto ruhiger wurde er.

Schon nach ein paar Atemzügen fing er an zu lächeln, und eine Last schien von ihm abzufallen. Wenig später musste er sich *ein Lachen verkneifen: Wie hatte er nur so dumm sein können, wegen einiger Regentropfen und Wurzeln so außer sich zu geraten? Wenn die Sonne wieder heiß brennen würde, würde er sich nach dem Regen sehnen! Bao saß noch lange still da und genoss es, die gute Luft atmen zu können, die Schwere seines Körpers zu spüren und lebendig zu sein.*

»Gut genug für mich« ist eine Gelassenheitsstrategie, die dich erleben lässt, dass dein Leben selbst dann noch in Ordnung ist, wenn auf den ersten Blick nichts mehr in Ordnung ist. Falls du durch dein Handeln Veränderungen herbeiführen und alles »wieder in Ordnung« bringen kannst: wunderbar! Dann nichts wie los. Solltest du aber wenig Einflussmöglichkeiten haben oder aber sehr viel Kraft und Zeit einsetzen müssen, um etwas zu verändern, ist Loslassen die bessere Option. Denn was wäre auch die Alternative? Entweder kannst du dich ärgern und deinen Ärger hinunterschlucken, wovon du aber nur Bauchschmerzen bekommst; oder du beginnst zu jammern und fühlst dich als Opfer der Umstände, womit du nicht nur dir selbst schaden, sondern auch deinen Mitmenschen gehörig auf die Nerven gehen wirst.

Sitzen wir erst einmal in der Jammerspirale fest, ist es schwer, wieder rauszukommen. Dann sind wir überzeugt, dass das Leben tatsächlich ganz anders sein muss, als es ist. Das Dumme ist nur, dass sich das Leben kein bisschen um unsere Erwartungen kümmert. Und darum wird das Wiener

Schnitzel, das auf der Speisekarte steht, manchmal dennoch ausverkauft sein. Darum wird unser Partner seinen Urlaub unbedingt an der Nordsee und nicht wie wir in der Toskana verbringen wollen. Und deshalb wird das Bett im Hotel gelegentlich zu hart und die Butter beim Frühstück zu weich sein.

Letztlich geht es immer wieder um die Entscheidung, ob du Ja oder Nein zu der Situation sagst. Du hast die Wahl: Du kannst Nein sagen und dich beschweren – oder du sagst Ja: »Ja, ich habe es mir zwar anders gewünscht, aber so ist es auch gut. Die Toskana ist zwar super, aber an der Nordsee kann ich mich auch wohlfühlen. Die Nordsee ist gut genug für mich.«

Mit jedem »Ja« erweiterst du den Raum, in dem du zufrieden und entspannt sein kannst. Mit jedem »Nein« schränkst du ihn ein. Falls es dir oft schwerfällt, dich in der Welt wohlzufühlen, dann ist vielleicht nicht immer die Welt schuld – dann hast du dich vielleicht zu sehr von deinen Erwartungen abhängig gemacht. Doch zum Glück lässt sich das ändern. Zufriedenheit und Genügsamkeit sind vor allem eine Frage unserer geistigen Flexibilität. Und die lässt sich recht einfach entwickeln – durch das behutsame und regelmäßige Einüben neuer Sichtweisen.

Es hatte aufgehört zu regnen. Langsam brach die Wolkendecke auf und machte einem blauen Himmel Platz. Beim ersten Sonnenstrahl huschte die Eidechse sogleich auf eine Sonnenterrasse

auf einem kleinen Felsen. Bao legte sich daneben auf die Wiese. Sie war noch feucht, doch Bao nahm es gelassen. »Gut genug für mich«, sagte er, als er Shilongs Blick bemerkte, und schmunzelte.

»Für mich auch«, antwortete Shilong. »Der Stein wird langsam richtig schön warm, und die Sonne scheint mir auf die Schuppen.«

»Ach was, und ich dachte, du brauchst keine Sonne, um zufrieden zu sein?« Bao hatte sich auf den Rücken gelegt und blinzelte die Eidechse an.

»Stimmt genau«, sagte sie. »Ich kann auch ganz ohne Sonne zufrieden sein. Aber weißt du was – wenn ich es mir aussuchen kann, liege ich lieber in der Sonne. Genügsam zu sein bedeutet nämlich nicht, komisch zu werden ...«

Lange noch lagen die beiden schweigend in der Sonne. Weiße Wolken zogen gemächlich über den Himmel. Als sein Pelz wieder trocken war, setzte Bao sich auf und bedankte sich bei seiner kleinen Freundin: »Shilong – ich muss weiterziehen. Aber ich danke dir sehr, denn ich habe etwas sehr Wichtiges bei dir gelernt. Und ich glaube, dass ich jetzt einen weiteren großen Schritt auf dem Weg zur Gelassenheit tun kann. Leb wohl, Shilong.«

Doch bevor Bao seine Reise fortsetzte, schrieb er noch auf ein Blatt:

Baos Bambusblattbibliothek

Zufriedenheit hängt nicht von äußeren Dingen ab, sondern einzig von deiner Ausrichtung.

Auch wenn mal gar nichts passt, kannst du dich entspannen und dafür sorgen, dass die Dinge so, wie sie sind, gut genug für dich sind.

Je weniger du benötigst, um glücklich zu sein, desto freier und entspannter wird dein Leben werden.

Um zu erfahren, dass sehr viel mehr Dinge in Ordnung sind, als es scheint, musst du deinen inneren Raum erweitern, statt dich durch deine eigenen Erwartungen immer weiter einzuengen.

Sich sammeln und die Stille entdecken

Am Fuße eines schneebedeckten Berges saß Bao und rieb sich die Augen. Was war das nur für eine Nacht gewesen? Bei Einbruch der Dunkelheit hatte er sich auf einen tiefhängenden Ast eines mächtigen Baumes gelegt. Doch kaum hatte er die Augen geschlossen, musste er an seinen Großvater denken. Er fehlte ihm so sehr. Würde er das Unwetter wohl überlebt haben, das sie schon vor so langer Zeit getrennt hatte?

Baos Schlaf war unruhig. Mitten in der Nacht zog er auf den Waldboden um, wo er lange nach einem bequemen Schlafplatz suchte. Doch kaum hatte er sich dort niedergelassen, da wälzte er sich auch schon hin und her, da seine Sorgen seinen Körper so wenig zur Ruhe kommen ließen wie sein Gemüt.

Die Unruhe der Nacht setzte sich auch fort, nachdem die Sonne längst aufgegangen war. Bao lief zum Fluss, kehrte wieder um, stieg ein Stück des Berghangs hinauf, hielt dann wieder inne: »Vielleicht sollte ich mich erst einmal richtig ausruhen, ich fühle mich so erschöpft.«

»Das liegt daran, dass du nicht gesammelt bist, kleiner Panda. Ohne Sammlung zerstreust du deine Kräfte. Werden aber die Kräfte zerstreut, so wird der Geist von Unruhe erfasst.«

Bao sah sich um, konnte aber niemanden entdecken: »Wer ist da?«, fragte er in den Wald hinein. Als niemand antwortete, fiel Baos Blick mit einem Mal auf die raue Felswand vor ihm und wanderte schließlich bis zum Gipfel des Berges hoch.

»Du?«, fragte er.

»Du bist sehr aufmerksam, kleiner Panda. Kaum jemand hat vor dir mein Flüstern vernommen, geschweige denn erkannt, dass ich es war, der zu ihm sprach«, antwortete der Berg.

»Nirgends ist, wer überall ist« sagte Seneca, der römische Denker. Und ebenso wie andere Philosophen der Antike warnte auch er schon davor, sich der Zerstreuung hinzugeben. Zerstreuung führt zu Unruhe und Unzufriedenheit. Solange unsere Aufmerksamkeit unablässig von einem Objekt zum nächsten hastet, verpuffen unsere Kräfte, denn während wir dann zwar ein bisschen überall sind, sind wir nirgendwo so richtig. Die »zehntausend Dinge« – so nannten die Daoisten im Alten China die Vielzahl der weltlichen Reize – sind verführerisch; Ablenkung und Zerstreuung sind unterhaltsam. Die Frage ist nur, worum es dir im Grunde geht: um Unterhaltung oder um Glück?

Schon in früheren Zeiten dürfte es keine leichte Sache gewesen sein, seinen Geist zu sammeln. Heute bietet unser Alltag aber eine nie dagewesene Fülle von Reizen und Ablenkungen, weshalb es uns oft sehr schwerfällt, uns auf eine Sache zu konzentrieren. Aktuelle psychologische Studien bestätigen jedoch, was Weisheitslehrer schon vor Jahrtausenden wussten: Konzentration macht nicht nur erfolgreicher, sondern auch zufrieden, gelassen und glücklich.

Konzentration ist die Fähigkeit, sein Bewusstsein willentlich und über längere Zeit auf eine bestimmte Sache zu fokussieren. Wenn du konzentriert bist, bestimmst du selbst, wohin die Reise geht. Dann hältst du die Zügel in der Hand und kannst selbst entscheiden, worauf du deine Aufmerksamkeit richtest. Sie ist eine wertvolle Ressource, denn sie bestimmt über deine Erfahrungen: Konzentrierst du dich auf das Gute in deinem Leben, auf die Dinge, für die du dankbar sein kannst? Oder richtest du deine Aufmerksamkeit auf Probleme und Missstände, auf die Dinge, die »nicht in Ordnung sind« und dich zur Verzweiflung bringen? Du hast die Wahl. Und den Schlüssel hast du auch – die Kraft deiner Konzentration.

Ist Konzentration »anstrengend«? Viele glauben das. Doch was genau ist daran eigentlich anstrengend? Die Konzentration selbst schon einmal nicht: Wenn kleine Kinder selbstvergessen an ihrer Sandburg bauen oder eine Sologeigerin während eines Sibelius-Konzerts mit dem Klang ihres Instruments verschmilzt, ist da kein Widerstand, keine Mühe. Ebenso wenig, wenn wir konzentriert einen Zeitungsartikel lesen. Anstrengung taucht vielmehr rund um die Konzentration auf: Wenn wir (oder jemand anders) sagen, dass wir uns jetzt »mal konzentrieren müssen«, wenn wir unsere Aufmerksamkeit auf etwas fokussieren sollen, worauf wir keine Lust haben, wenn wir uns dazu zwingen, uns »zusammenreißen« – erst dann entsteht Stress. Die Konzentration an sich ist völlig stressfrei.

Sind wir konzentriert, so schweifen unsere Gedanken nicht ab. Und wenn die Gedanken nicht abschweifen, gibt es auch kein Bewerten, kein Verurteilen, kein Bedauern, keine Probleme – oder mit einem Wort: keinen Stress.

Auch in der Meditation, die ja die Freiheit des Geistes zum Ziel hat, ist Konzentration entscheidend, denn sie ist die Voraussetzung für Achtsamkeit und innere Stille. Nur wenn Körper und Seele gesammelt und wir somit »ganz bei uns sind«, können wir tief in das Wunder unseres Lebens eintauchen.

Möchtest du deine Konzentrationsfähigkeit verbessern? Möchtest du lernen, deinen Geist im Hier und Jetzt zu sammeln? Das ist nicht schwierig, denn tagtäglich bieten sich dazu endlos viele Gelegenheiten. Völlig egal, ob du dir nun eine Tasse Tee einschenkst, dich unter der Dusche einseifst, deine Socken aus der Waschmaschine holst oder mit dem Auto durch die Stadt fährst – konzentrier dich einfach ganz auf das, was du tust. Sammle deinen Geist selbst dann, wenn es um banale Dinge geht. Du wirst schnell bemerken, dass dir Sammlung und Konzentration mehr innere Ruhe schenken. Bist du nämlich konzentriert, dann bist du immer ganz bei dir, dann wandern deine Gedanken nicht ständig herum und du kannst entspannt und doch wach diesen einen Schritt tun, den du gerade tust, ohne dich dabei gehetzt zu fühlen.

Bao war aufgestanden und hatte sich ein paar Schritte auf den Berg zubewegt. Obwohl er an sich keine Zweifel daran hatte, dessen Stimme deutlich gehört zu haben, konnte er seinen Ohren doch noch nicht so ganz trauen. Um sicherzugehen, wollte er es lieber noch einmal probieren, und so sprach er die Frage, die auf seiner Seele lastete, nicht aus, sondern dachte sie nur innerlich: »Kann ich das Geheimnis der Gelassenheit denn leichter finden, wenn ich mich darum bemühe, gesammelt zu bleiben?«

»Ach, Bao – denn so heißt du doch, nicht wahr?«, hauchte der Berg – und nun wunderte sich Bao nicht mehr nur darüber, dass der Berg zu ihm sprach, sondern auch noch darüber, dass er seinen Namen kannte.

»Selbstverständlich wirst du Gelassenheit und inneren Frieden finden, wenn du erst einmal gelernt hast, Körper und Geist zu sammeln.«

Je länger Bao der Stimme des Berges lauschte, desto klarer war ihm, dass er sie nicht von außen, sondern direkt in seinem Kopf hörte.

»Und wie soll ich das machen? Wo liegt denn dieser Weg, der zur Konzentration führt?«, fragte er leise.

»Bao – zieh dich zurück, denn in der Zurückgezogenheit, in der Stille, wird deine Energie sich ganz von allein sammeln, und sie wird wachsen und stärker werden.«

Stille und Zeit sind heute die wohl wertvollsten »Luxusgüter« – und nehmen wir ruhig noch Heiterkeit, Gelassenheit und Zufriedenheit dazu. Sie alle können etwas, was teure Uhren, schnelle Autos, exklusive Wohnungen oder Designermöbel nicht vermögen: Sie können uns glücklich machen.

In unserer Welt ist die Stille zu einem seltenen Gut geworden. Wann hast du die Kraft der Stille zum letzten Mal erlebt? Gut möglich, dass das schon eine ganze Weile her ist – vielleicht bei einem Urlaub am Meer, bei einem Spaziergang im Wald oder im Gebirge. Auch auf dem Land gibt es sie gelegentlich noch, die äußere Ruhe. Wer aber in der Stadt lebt – und das sind die meisten von uns –, der weiß, wie allgegenwärtig der Lärm geworden ist. Die »akustische Umweltverschmutzung« ist längst zum geflügelten Wort geworden, und Philosophen sprechen inzwischen sogar vom »Aussterben der Stille«. Auf den Straßen erzeugen Verkehr und Baustellen Dauerlärm, in den Kaufhäusern werden wir von der Wursttheke bis zur Toilette dauerberieselt, und ansonsten führt die Allgegenwärtigkeit der Medien dazu, dass es immer irgendwo klingelt, summt, brummt oder trällert.

Sammlung ist die Voraussetzung für Gelassenheit. Wenn du nicht bei dir bist, kannst du noch nicht einmal deinen Körper entspannen, geschweige denn Ruhe in deinem Geist finden. Es ist daher sehr sinnvoll, wenn du dich dazu entscheidest, dich regelmäßig in die Stille zurückzuziehen. Aber ist das überhaupt noch möglich? Du kannst deine Zelte ja schlecht im Wald aufschlagen.

Zum Glück gibt es auch mitten in einer lauten Welt noch Orte der Stille, und sei es nur der relativen Stille. Eine Kirche, ein Lesesaal, eine Parkbank oder wenn möglich sogar eine Wiese, ein Bach oder ein Stück Wald ... einen ruhigen Platz gibt es immer irgendwo. Und außerdem gibt es Zeiten, in denen der Lärm verebbt – die Nacht, der frühe Morgen, oft auch der Winter.

Äußere Stille ist hilfreich, denn sie begünstigt die innere Stille. Die aber ist es, um die es letztlich geht. Erst wenn du lernst, innerlich still zu werden, wirst du Ruhe und Stabilität entwickeln. Und im Laufe der Zeit wird es dir dann immer leichter fallen, den Lärm der Welt zu vergessen.

»Sammle dich. Zieh dich in die Stille zurück ...« – wie ein mahnendes Echo hallte die Stimme des Berges in Baos Seele nach. Er blickte sich um. Wo würde er sie nur finden können, die Stille? Wieder fiel sein Blick auf den Gipfel des Berges, auf dem eine mächtige Schneekrone ruhte. Und plötzlich wusste er, was zu tun war, denn er konnte die Antwort deutlich in seinem Herzen hören. So begann Bao den Aufstieg.

Über steile Waldpfade und steinige Felshänge führte der Weg, und es dauerte beinahe den ganzen Tag, bis Bao sein Ziel erreicht hatte. Doch während der ganzen Zeit blieb er heiter und entspannt, er lächelte und konzentrierte sich immer nur auf den nächsten Schritt, wie er es auf seiner Reise gelernt hatte.

Auf dem schneebedeckten Hochplateau entdeckte Bao eine Felsenhöhle, die ihn vor dem Wind schützte, der inzwischen merklich zugenommen hatte. Dort, auf dem Boden der Höhle, setzte Bao sich reglos hin und entspannte seinen Körper. Er genoss die Ruhe. Hier, wo der Gipfel des Berges die Wolken berührte, war es sehr still. Das Rauschen des Flusses, der Gesang der Vögel, das Zirpen der Heuschrecken – von alledem war jetzt nichts mehr zu hören.

Und doch: Nachdem Bao eine Weile in Meditation gesessen hatte, wich sein anfängliches Hochgefühl einer seltsamen Unruhe, die sich seiner bemächtigte.

»Was mache ich nur falsch? Warum kann ich nicht einfach nur die Stille genießen, ohne dauernd an irgendetwas denken zu müssen? Vielleicht ist es ja das Brausen des Windes, das meine Ruhe stört.«

»Ach, Bao, mein lieber Bao – wie könnte dich denn der Wind daran hindern, still in dir zu ruhen? Das vermag noch nicht einmal der stärkste Sturm. Nein – es ist nicht die äußere Stille, um die es geht, sondern die Stille in deinem Inneren. Lausche. Lausch dem Klang des Seins, und du wirst die kostbare Stille finden, die alles verwandelt und verzaubert.«

Wo Stille herrscht, haben Ängste, Sorgen, Ärger und Verwirrung keinen Platz mehr. Meditationslehrer vergleichen unser Alltagsbewusstsein mit all seinen unruhigen Gedanken und belastenden Gefühlen oft mit den Wellen des Ozeans: Mit einem kleinen Boot über das Meer zu fahren ist kein Spaß, wenn sich ringsum gewaltige Wellen auftürmen und uns hin und her schütteln, bis wir jede Orientierung verloren haben. Sind die Wellen aber erst einmal zur Ruhe gekommen, können wir mühelos über das Wasser gleiten und unser Ziel erreichen, ohne ständig Angst haben zu müssen, dass wir kentern.

Die Wellenanalogie spricht jedoch noch einen weiteren Aspekt an: Kommt die See erst einmal zur Ruhe, dann glättet sich die Wasseroberfläche, und plötzlich ist es möglich, in die Tiefe zu blicken und klar zu sehen.

Mit unserem Geist verhält sich das alles sehr ähnlich. Tiefe, Stille, Klarheit und Gelassenheit – diese Qualitäten sind eng miteinander verbunden; wo das eine ist, sind die anderen nicht fern. Die Frage ist nur: Wie kannst du innerlich still werden? Dass äußere Ruhe dabei hilfreich sein kann, haben wir ja bereits gesehen. Doch glücklicherweise ist die Abwesenheit von Geräuschen nicht die Voraussetzung dafür, Stille zu erfahren. Auch wenn um dich herum die Hölle los ist – wenn Autos hupen, Kinder schreien und dein Nachbar Klarinette übt, kannst du dennoch innerlich still werden.

Du kannst lernen, die Geräusche des Alltags einfach durch dich hindurchfließen zu lassen, ohne dass sie deinen Geist berühren. Das gelingt natürlich nicht auf Anhieb, und wie bei jeder Kunst ist es entscheidend, regelmäßig zu üben.

Äußerer Lärm ist nur einer von vielen Stressfaktoren, allerdings einer, unter dem heute viele von uns leiden. Im Prinzip entsteht das Problem jedoch nur dann, wenn wir auf äußere Reize mit Unbehagen, Wut oder Angst reagieren. Um gelassener zu werden, ist es hingegen wichtig, dass du dich von beunruhigenden Reaktionen befreist. Und das gelingt nicht, solange du versuchst, die Situation zu kontrollieren, sondern erst dann, wenn du damit beginnst, deinen Geist zu kontrollieren.

Sammlung und Konzentration sind die entscheidenden Methoden, um die Kontrolle über die wild gewordene

Affenhorde zu gewinnen, die in unserem Denken ihr Unwesen treibt. Ein konzentrierter Geist ist ja schon bei einfachen äußeren Dingen von großem Vorteil – du verschüttest zum Beispiel keinen Kaffee auf dein Sofa und fällst nicht um, wenn du dir auf einem Bein stehend eine Socke anziehst. Wenn du deine entspannte Konzentration nun aber nicht nur auf bestimmte Tätigkeiten, sondern auch auf dich selbst richtest – etwa auf deinen Körper, deinen Atem oder die Vorgänge in deinem Geist –, entsteht ganz von selbst ein meditativer Zustand. Stille, Klarheit und Gelassenheit sind die Folge. Je öfter du dich in einen konzentrierten Zustand versetzt, desto deutlicher werden diese Qualitäten zutage treten.

Mit der folgenden Übung kannst du sowohl deine Konzentrationsfähigkeit als auch deine Gelassenheit entwickeln. Es geht dabei um eine sehr einfache, aber effektive Form des Lauschens, die es dir ermöglicht, stilles Gewahrsein im Hier und Jetzt zu erfahren. Bei dieser Meditation wirst du merken, dass Konzentration und Gelassenheit wie die zwei Flügel eines Vogels sind und nicht im Widerspruch zueinander stehen.

Konzentration entsteht, sobald du deine Aufmerksamkeit auf Klänge von außen lenkst. Gelassenheit entsteht, wenn du den jeweils auftretenden Geräuschen erlaubst, einfach zu kommen und wieder zu gehen. Die Herausforderung besteht also darin, einfach nur zu lauschen. Lausch mit deinem ganzen Sein – aber enthalte dich jeglicher Kommentare.

Das ist gar nicht so leicht, denn auf Vogelgezwitscher reagieren wir gewohnheitsmäßig ganz anders als auf Baustellenlärm. Meist bewerten wir so ziemlich alles, was wir wahrnehmen. Um Klarheit und Stille im Geist entstehen zu lassen, ist es jedoch wichtig, zum neutralen Zuschauer oder in diesem Fall besser Zuhörer zu werden.

Keine Kommentare, keine Meinungen, kein Urteilen, kein »schön« und kein »schrecklich« – wenn du den Dreh erst einmal raushast und merkst, dass du tatsächlich gar nichts tun musst, kann Lauschen dich in tiefe Zustände der Meditation hineintragen.

Den äußeren Klängen lauschen

Phase 1

Lass deinen Körper vollkommen still werden. Wähle eine Haltung, in der du für einige Minuten völlig regungslos verharren und zugleich wach und entspannt sein kannst. Am leichtesten fällt dir das, wenn du aufrecht sitzt. Du kannst auf einem Stuhl sitzen, auf einem Meditationsbänkchen knien oder den Schneider- oder Yogasitz auf einem festen Kissen einnehmen. Wichtig ist nur, dass du dich nicht anlehnst. Such »deine Haltung«. Schließ die Augen, leg die Hände in den Schoß oder auf die Oberschenkel. Entspanne Gesicht und Schultern, lass deinen Atem frei strömen und dann: Beweg dich nicht mehr.

Indem du vollkommen »stillhältst« und die Haltung der Stille einnimmst, wird es dir leichter fallen, auch innerlich still zu werden.

Phase 2

Spüre und entspanne deinen Körper innerlich Schritt für Schritt.

Atme ein – spüre deine Füße ... Atme aus – entspanne die Füße ... Atme ein – spüre deine Beine ... Atme aus – entspanne die Beine ...

Lenke deine Aufmerksamkeit auf diese Weise kurz durch den ganzen Körper: das Gesäß, den Rücken, Kopf und Gesicht, Schultern und Arme und schließlich auf die Hände.

Einatmend lenkst du die Konzentration auf die jeweilige Körperregion, ausatmend entspannst du sie so gut wie möglich.

Phase 3
Lausch den Klängen deiner Umgebung. Registriere alle Geräusche, die von außen oder aus dem Haus kommen. Analysiere sie nicht – es ist egal, was für ein Vogel da singt oder ob es zu viele Autos gibt. Lass die Klänge einfach zu dir kommen – du musst nicht nach Geräuschen suchen. Höre, ohne zu werten. Verabschiede dich von der Vorstellung »störender Geräusche«. Konzentrier dich ganz auf das Hören und nimm eine empfangende Haltung ein. Versuch, von einem Ort der inneren Stille aus zu lauschen.

Wenn du Klänge wahrnimmst, denkst du einfach: »Hören«. Wenn zwischendurch nichts zu hören ist, denkst du: »Stille«. Falls Gedanken, Gefühle oder Körperempfindungen auftauchen, ist das kein Problem. Nimm sie wahr und lenk deine Aufmerksamkeit dann wieder sanft, aber entschieden zum Hören zurück. Bleib immer offen und entspannt – lausch nur, mehr gibt es nicht zu tun.

Nachdem Bao das absichtslose Lauschen ergründet hatte, wurde er immer ruhiger. Aus der Ferne war Donnergrollen zu hören, und es würde bald ein Gewitter geben. Hier oben am Gipfel war das Brausen des Windes stark angeschwollen, und am Höhlen-

eingang pfiff der Wind laut wie ein himmlisches Blasorchester. Doch all das störte Bao längst nicht mehr.

»Wie geht es dir, Bao, kleiner Panda? Ist dir das Wunder der inneren Stille schon begegnet?« Die Stimme des Berges war klar und sanft, und Bao konnte sie trotz der äußeren Geräusche deutlich hören.

»Oh ja«, antwortete er. »Je länger ich sitze, desto mehr scheint mein Geist mit dem Klang der Stille zu verschmelzen – und langsam weiß ich nicht mehr, wo die Stille endet und wo Bao anfängt ...«

Nach vielen Stunden, in denen Bao regungslos und lächelnd in der Höhle gesessen hatte, öffnete er die Augen. Hinter dunklen Gewitterwolken ging die Sonne langsam auf, die Nacht war vergangen, ohne dass Bao ein Auge aufgemacht hätte. Erfrischt erhob er sich von seinem Platz, verneigte sich vor dem Berg und dankte ihm. Dann begann er mit dem Abstieg, denn der Sturm näherte sich. Auf dem Weg lag ein Bambusblatt, das ihn daran erinnerte festzuhalten, was er erkannt hatte. Also blieb Bao stehen und schrieb auf das Blatt:

Baos Bambusblattbibliothek

Ist dein Geist nicht gesammelt, so zerstreust du deine Kräfte.
Werden die Kräfte zerstreut, entsteht Unruhe.

Konzentration erzeugt Achtsamkeit und innere Ruhe, und sie
führt zu Zufriedenheit und Gelassenheit.

Sammlung lässt sich durch Stille erreichen. Doch nicht die äußere Stille ist es, die dich verwandelt, sondern die innere Stille.
Um sie zu finden, musst du dich zurückziehen und dem Klang
des Seins lauschen.

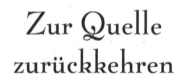

Zur Quelle zurückkehren

Bao saß an der Biegung eines großen Flusses und erinnerte sich, wie er ganz zu Beginn seiner Reise schon einmal an einem Fluss gesessen hatte. Vielleicht war es ja sogar derselbe Fluss gewesen? Er war sich fast sicher. Damals war sein erster Lehrer, Yuke, der Otter, aus den Fluten aufgetaucht. Bao lächelte bei dieser Erinnerung. Er hatte einen weiten Weg zurückgelegt und hatte das Gefühl, dem Geheimnis der Gelassenheit zum Greifen nah gekommen zu sein. Letztlich war es ihm aber gar nicht mehr so wichtig, an ein Ziel zu kommen – die Reise war es, die zählte.

Bao saß in der Sonne und lauschte dem Rauschen des Wassers, wie einst, am ersten Tag seiner Reise. Doch da Bao inzwischen die Stille in sich entdeckt hatte, konnte er diesmal genau verstehen, was der Fluss flüsterte. Er lächelte, hielt eine Tatze ins Wasser und dachte: »Lieber Fluss, es tut mir leid, dass ich deine Botschaft nicht verstehen konnte, als ich dich vor langer Zeit schon einmal besucht habe. Nun aber bin ich bereit, dir zu folgen.«

Und er hörte deutlich die Worte, die der Fluss wisperte, wie er sie seit eh und je gewispert hatte: »Kehr zur Quelle zurück und erkenne, dass Anfang und Ende nicht zwei sind – sie sind ein Fluss ...«

Zur Quelle zurückkehren, das heißt, sein Leben als Ganzes zu betrachten. Jeder von uns tut das wohl dann und wann, und vielleicht nicht nur zum Jahresende oder am Geburtstag. Wie ist unser Leben bisher verlaufen? Was ist gut, was weniger gut gelaufen? Wir denken zurück und ziehen Bilanz.

Vielleicht tun wir das nur oberflächlich und belassen es bei ein paar guten Vorsätzen für die Zukunft; doch vielleicht werfen wir auch einen sehr genauen, ernsten Blick auf unseren bisherigen Lebensweg.

Ist es überhaupt sinnvoll, an das Vergangene zurückzudenken? Das kommt drauf an: Wenn du dir bewusst machst, welche Entwicklungsphasen nötig waren, damit du wachsen konntest, und wenn du daran denkst, was du auf deinem bisherigen Weg an Wissen und Erkenntnissen gesammelt hast und wohin die Reise gehen soll, dann ist das durchaus sinnvoll.

Nur reines Wiedererleben bringt gar nichts. Wiederholungen sind ja schon im Fernsehprogramm schwer zu ertragen – im wirklichen Leben wären sie entsetzlich. Kein Ei gleicht dem anderen, keine Wolke ist eine Wiederholung der vorigen, kein Tag ist jemals wie der andere. Und wir können auch nie zweimal in denselben Fluss steigen, denn der Fluss ist immer neu.

Was uns oft nur wie eine langweilige Wiederholung erscheint, ist die Folge unseres Denkens, das versucht, die Welt in eine Schachtel zu stecken, um so den Überblick zu bewahren. Doch natürlich ist die Welt in der Schachtel nicht die wirkliche Welt.

Vergangenes innerlich wiederzuerleben hat nichts mit »Aufarbeiten« oder gar »Heilen« zu tun. Beim Üben wiederholst du nur das Geübte. Wenn du also beispielsweise immer wieder die Vergangenheit vor dein inneres Auge holst, dann übst du nichts anderes als genau das. Und mit zunehmender Übung wird es dir immer leichter fallen, an vergangene Erlebnisse, und zwar leider vor allem an Unangenehmes und

Belastendes zu denken. Auf diese Weise »herbeigedacht« tritt die Vergangenheit dann unberechtigterweise in den Mittelpunkt deines Lebens und macht dir die Gegenwart unnötig schwer.

Heißt das, dass du die Vergangenheit einfach ignorieren oder »verdrängen« solltest? Nein, natürlich nicht. Das geht auch gar nicht. Du kannst nicht einfach Dinge verdrängen – du kannst sie bestenfalls ein wenig zur Seite schieben, doch je fester du drängst, desto heftiger drängen sie zurück. Und beides kostet dich Kraft.

Die Vergangenheit ist einfach nur ein Teil von dir, doch du bist längst weitergeströmt – wie ein Fluss, der ständig in Bewegung bleibt; wie das Jetzt, das in jedem kleinen Augenblick wieder vollkommen neu und frisch ist. Was vergangen ist, war vielleicht nicht immer schön – wichtig war es aber schon, denn es hat dich hierhergebracht.

Zur Quelle zurückzukehren bedeutet nicht, über das Vergangene nachzugrübeln. Es geht auch nicht um Wiederholung, sondern um Überblick, Einsicht und wo nötig auch um Heilung. Du kannst mit der Weisheit und dem Wissen, die du in deinem Leben angesammelt hast, wieder »flussaufwärts« gehen. Und dabei kannst du nicht nur erkennen, an welchen Abschnitten deines Lebensflusses unschöne Dinge passiert sind – du kannst sie sogar bereinigen und den Fluss von Giften befreien, denn auch dazu ist dein Geist in der Lage. Die Voraussetzung dafür ist jedoch, dass du gelassen bleibst und dich nicht in Vergangenes verstrickst, sondern einen klaren Blick bewahrst.

Flussauf im Strom der Zeit

Versuch in dieser Meditationsübung einmal, in deinem Leben zurückzugehen – zuerst in die letzten Jahre, dann zurück in deine Jugend, in deine Kindheit bis zu deiner Geburt, und wenn du willst, sogar darüber hinaus ... Kehr zu deiner Quelle zurück, und heile deine Vergangenheit.

Schließ die Augen und setz dich in das Boot deiner Erinnerung, das mit Leichtigkeit flussaufwärts, in deine Vergangenheit, fährt. Du sitzt in diesem Boot und kannst es mit deinen Gedanken problemlos gegen den Strom steuern – es ist kaum anstrengender, als sich wie gewohnt vom Fluss des Lebens in die Zukunft tragen zu lassen.

Wenn du willst, kannst du an den schönen Stellen innehalten und sie genießen. Bewahre die guten Gefühle.

Alles, was nicht so schön ist, was schmerzvoll war und den Fluss deines Lebens vielleicht bis heute vergiftet, kann dir nichts anhaben. Du bist jetzt ein anderer als damals: Du bist sehend geworden und kannst die Schwierigkeiten jetzt gelassen von außen betrachten. Und du kannst sogar noch etwas tun: Du kannst aussteigen und dein früheres Ich, das blind und leidend in der Vergangenheit herumirrt, trösten und ihm Geborgenheit schenken.

Wenn du das tust, nimm dir Zeit zu spüren, wie sich vergangene Erlebnisse noch immer auf die Gegenwart auswirken. Nimm dich selbst mitfühlend an, und mach dir bewusst, dass es keinen Grund mehr gibt, das Alte festzuhalten – du kannst jederzeit loslassen und weitergehen. Vielleicht kannst du fühlen, wie dabei eine Last von dir abfällt, wie du leichter, freier und gelassener wirst. Dann hast du einen Teil deiner Vergangenheit geheilt.

Was immer an schönen Dingen passiert ist, kannst du neu erleben; spür, wie sie dir den Weg geebnet haben, und danke für alles Positive, was dir bisher begegnet ist. Belastende Ereignisse jedoch, die dir den Weg zu Gelassenheit und innerem Frieden vielleicht lange Zeit versperrt haben, kannst du mit deinem heutigen Wissen, deiner inneren Weisheit, mit Mitgefühl und der Ausrichtung auf die Kraft in dir heilen.

Du musst die ganze Reise natürlich nicht in einem Zug machen. Du kannst an jeder beliebigen Stelle beginnen, kannst langsam oder schneller reisen. Und je öfter du das tust, desto leichter wird es dir fallen, deine Vergangenheit umzuformen. Vergiss nicht, dass du ja in deinem Geist reist – ob die Dinge, die du bei dieser Zeitreise erlebst, »wirklich«

geschehen sind oder nicht, ist vollkommen ohne Bedeutung. Nur dass du sie jetzt wahrnimmst und zu deiner Quelle zurückkehrst, ist wichtig.

Bao wusste gar nicht, wie lang er am Fluss gesessen hatte, wie lang er in seiner Zeit zurückgereist war, wie lang er dem Fluss gelauscht hatte. Die Zeit spielte keine Rolle mehr.

Und passend zu seinen Gedanken raunte der Fluss: »Die Zeit ist eine Illusion. Das kannst du natürlich nicht sehen, kleiner Bär. Und das macht auch gar nichts. Du wirst es erfahren.«

Bao war ein kleines bisschen frustriert. Dass der Fluss ihn »kleiner Bär« nannte, machte ihm nichts aus – im Vergleich mit dem endlosen Fluss war er ja auch tatsächlich winzig klein; doch was ihn traurig stimmte, war, dass er nicht richtig verstand, was der Fluss ihm da sagen wollte. »Was hilft es mir zu wissen, dass Zeit Illusion ist?«, fragte er. »Das sind doch nur Worte.«

Der Fluss schien plätschernd zu lachen. »Ja, richtig. Und deshalb ist Schweigen auch besser als Reden. Aber sieh einfach, wie ich von der Quelle bis zur Mündung eins bin. Sieh dann, wie du von der Geburt bis zur Auflösung eins bist. Und dann geh zur Quelle zurück, aus der deine Kraft kommt.«

»Wo ist denn diese Quelle?«, wollte Bao wissen.

»Folge all deinen guten Gefühlen, all dem, was dich stärker gemacht hat, all den Momenten, die dir Mut gemacht haben – dann wirst du die Quelle finden.«

Sind Gefühle eine Frage des Schicksals? Sind Gefühle etwas, was uns »geschieht«? Oder erzeugen wir sie – jedenfalls teilweise – selbst?

Um das herauszufinden, kannst du dir eine einfache Frage stellen: »Wie mache ich es eigentlich, froh zu sein?«, oder aber: »Wie mache ich es, unglücklich zu sein?«

Erstaunlicherweise sind Freude und Traurigkeit tatsächlich eher Tätigkeiten als Zustände. Wenn du einmal genau hinsiehst, wirst du das wahrscheinlich auch erkennen können.

Gefühle sind Phänomene, die viel mit der Funktionsweise unseres Gehirns und dort ablaufenden neurochemischen Prozessen zu tun haben. Unsere Gehirnchemie beeinflusst unsere Gefühle. Aber auch umgekehrt gilt: Wenn wir meditieren, wenn wir uns konzentrieren, wenn wir bestimmte Gedanken in den Vordergrund rücken, tun wir nicht nur etwas Geistiges, sondern verändern dabei auch unsere Gehirnchemie!

Der vordere Teil des Gehirns, jener Bereich, der hinter unserer Stirn liegt, empfängt Signale von den Sinnesorganen; er spielt bei der emotionalen Bewertung eine wichtige Rolle und ist nicht zuletzt auch mit unserem Gedächtnis verbunden.

In diesem Teil des Gehirns – dem präfrontalen Cortex und dem limbischen System – findet das statt, was wir als Planen, Selbstkontrolle, Wille und höhere Gefühle (im Gegensatz zu den Trieben) erleben. Meist denken wir, dass wir Gefühle einfach »haben«, und betrachten sie als Reaktion auf etwas, das wir erleben. Das stimmt aber nur teilweise.

Bestimmte Situationen lösen bestimmte Emotionen aus – diese Reaktionen sind in den entwicklungsgeschichtlich ältesten, »tierischen« Teilen unseres Gehirns verankert. Doch dann kommt der präfrontale Cortex ins Spiel: Die Rohemotionen werden gefiltert, mit dem Gedächtnis abgeglichen und bewertet. Das ist absolut notwendig, damit wir überhaupt angemessen und sinnvoll planend handeln können.

Wenn dabei nun die Neurotransmitter aus dem Gleichgewicht geraten, können emotionale Achterbahnfahrten die Folge sein. Neurotransmitter sind Substanzen, die im Gehirn an der Kommunikation zwischen den Nervenzellen beteiligt sind. Entgleisen sie, ist davon auch das Frontalhirn betroffen – die Folge ist, dass Emotionen nicht mehr richtig eingeschätzt werden können.

Wenn du beispielsweise unter einer Depression leidest, hat sich die äußere Welt kaum verändert; die Depression lässt »einfach nur« die unangenehmen Gefühle in den Vordergrund treten. Die Gedanken richten sich konzentriert auf die unschönen Dinge, die zwar immer schon vorhanden waren, bisher aber nur einen kleinen Teil deiner Welt ausgemacht haben. Jetzt, wo deine Aufmerksamkeit sich ganz auf diesen kleinen Teil richtet, wächst er überdimensional an. Aus einem Zwerg wird so ein Riese. Und als ob das noch nicht reichen würde, sind auch das Gedächtnis und die Wahrnehmung betroffen: Negatives wird leichter erinnert und wahrgenommen.

Bei einer echten Depression sind die Neurotransmitter aus dem Gleichgewicht geraten. Doch auch dann, wenn wir »nur« überreagieren, herrscht physiologisch ein Ungleichgewicht.

Was können wir tun, wenn die Gehirnchemie uns dazu treibt »auszurasten«? Sind wir dann nicht machtlos?

Durchaus nicht, denn interessanterweise kann unsere geistige Aktivität die Hirnphysiologie verändern. Dass beunruhigende Emotionen aus dem limbischen System auftauchen, kannst du nicht verhindern – was jedoch im Anschluss geschieht, das liegt durchaus in deiner Macht. Selbst dann, wenn sich deine Aufmerksamkeit auf das Negative richtet und dich in einen aggressiven Zustand versetzt, kannst du noch bewusst gegensteuern und die Emotionen »filtern«. Und das ist gar nicht mal so schwer. Der Trick besteht darin, dass du innerlich »Stopp!« sagst. Statt den Automatismen des limbischen Systems zu folgen, richtest du deine Achtsamkeit bewusst auf schöne und freudvolle Dinge. Doch zuvor musst du das Grübelkarussell erst einmal entschieden stoppen.

* »Ich bin ein Versager« – Stopp!
* »Ich werde das nie lernen« – Stopp!
* »Ich habe keine Freunde, niemand versteht mich« – Stopp!
* »Es ist doch alles sinnlos« – Stopp!

Studien zeigen, dass diese einfache Methode bei Depressionen so gut wirkt wie Psychopharmaka. Allerdings ohne jegliche unangenehme Nebenwirkungen – im Gegenteil: Wenn wir spüren, dass wir unseren belastenden Emotionen nicht mehr wehrlos ausgeliefert sind, werden wir uns schnell freier fühlen und deutlich gelassener werden.

Indem du »zur Quelle zurückkehrst«, verschaffst du dir einen Überblick über dein bisheriges Leben. Du kannst dabei dankbar anerkennen, dass es Menschen und Umstände gab, die dich gefördert haben; zugleich kannst du die negativen Einflüsse abmildern.

Doch es gibt noch eine weitere Möglichkeit, »an die Quelle zurückzukehren«. Dabei spürst du die Quelle deiner guten, kraftvollen Gefühle und deiner Lebensenergie auf.

Es gibt eine interessante Theorie, nach der alle Gefühle und Gedanken aus »Wahrnehmungsatomen« bestehen. Anders gesagt: Alle unsere Gefühle, inneren Bilder, Erinnerungen und Gedanken setzen sich immer aus grundlegenden Wahrnehmungen zusammen. Ob Wut, Trauer oder Verzweiflung – letztlich besteht jedes Gefühl aus diesen Wahrnehmungsatomen.

Was sich vielleicht etwas abstrakt anhört, hat eine sehr konkrete Folge: Schon durch kleine Veränderungen an den Wahrnehmungseinheiten kannst du deine unangenehmen Gefühle und einschränkenden Denkmuster durchbrechen.
Du kannst dir das leicht vorstellen, wenn du einmal an simple Holzklötzchen denkst: Kleine Kinder spielen gern mit Holzbauklötzchen. Ganz gleich, was sie aus diesen Stein-

chen bauen, ob Häuser, Türme oder Schlösser – es sind doch immer dieselben Klötzchen. Natürlich kann man einzelne Steine herausnehmen, kann um- oder anbauen, aber es ist nicht egal, welche Steine bewegt werden. Werden bei einem Turm etwa die untersten Klötzchen herausgezogen, stürzt er sofort ein.

Übertragen auf die Wahrnehmungsbausteine heißt das, dass du komplexe negative Gefühlszustände wie Angst oder Wut blitzschnell auflösen kannst, wenn du weißt, welche »Steinchen« du bewegen musst ...

Wie wäre es mit einem kleinen Selbstversuch, der dir den Umgang mit Wahrnehmungsatomen deutlich macht? Wenn du möchtest, dann probier es am besten sofort aus:

Stell dir das Gefühl Wut vor. Vielleicht kannst du an eine Situation in der jüngeren Vergangenheit zurückdenken, in der du wütend geworden bist.

Hat Wut eine Farbe? Nein, eigentlich nicht. Und doch kannst du Wut in deiner Vorstellung recht leicht mit einer Farbe verbinden. Ist Wut lindgrün oder violett? Nein – wohl kaum. Aber wie sieht es mit rot aus? Den meisten fällt es leicht, »Wut« mit »rot« in Verbindung zu bringen. Jeder unserer Sinne reagiert irgendwie auf Wut. Wenn wir wütend werden, »sehen wir rot« (Sehsinn). Doch auch für andere Wahrnehmungskanäle – vor allem für das Hören und Spüren – gilt, dass es eindeutige Verbindungen gibt: Wut führt dazu, dass »es kracht« (Gehör) oder dass wir »vor Wut kochen«, »wir zittern vor Wut« oder es wird uns »schwinde-lig vor Wut« (Berührungs-, Tast-, Lagewahrnehmung).

Und was nützt dir das? Ganz einfach: Du kannst unan-genehme Gefühle in deiner Vorstellung jederzeit »bearbei-ten«. Wenn du Wut in dir spürst, dann färbe die Wut in dei-ner Vorstellung doch einmal grün und stell dir eine heitere Musik vor; gib deiner Wut mithilfe deiner Einbildungskraft eine angenehm kühle Temperatur und stell dir vor, dass sie nach Zimt riecht ...

Wie du siehst, kannst du bei dieser Methode kreativ wer-den. Du kannst aber auch einfach mit den unterschiedlichs-ten Wahrnehmungsmustern herumexperimentieren. Du veränderst jeweils nur ein »Bauklötzchen« – einen winzigen Teil der Wut. Du kannst zum Beispiel nur die Farbe, nur die Temperatur oder sowohl Farbe als auch Temperatur verän-dern. Oder du stellst dir einen angenehmen Klang oder eine schöne Melodie vor und/oder setzt Aromen ein.

Manche Vorstellungen bewirken nichts, manche ver-stärken das Gefühl der Wut, doch wenn du das »richtige Steinchen« erwischst, wird deine Wut oder deine Angst so schnell zusammenbrechen wie ein wackliger Holzturm.

Die Übung, die wir gerade beschrieben haben, beruht auf dem NLP (Neurolinguistisches Programmieren), einer sehr effektiven Art, sich von negativen Emotionen zu befreien und gute Gefühle zu kultivieren. Ebenso wie Entspannungs-techniken, Meditation oder der Einsatz von Worten oder Mantras, die helfen, Stress aufzulösen, kann uns auch NLP dabei unterstützen, gelassener zu werden.

Finde die Quelle deiner Gelassenheit

Durch die folgende NLP-Technik kannst du zur Quelle deiner Gelassenheit zurückkehren, ganz einfach indem du mit den »Bauklötzchen deiner Wahrnehmung«, den Wahrnehmungsatomen, experimentierst.

Ganz gleich, wie du dich im Moment fühlen magst und ob du eher ausgeglichen bist oder nicht: Irgendwann in deinem Leben gab es bestimmt eine Zeit, wo du dich wohl- und zufrieden gefühlt und Gelassenheit empfunden hast. Vielleicht hast du diese Zustände nicht oft erlebt, vielleicht waren es nur kurze Augenblicke und vielleicht ist das alles auch schon lange her – aber das macht nichts.

Such in deiner Vorstellung eine solche Situation der Gelassenheit in der Vergangenheit auf und vertiefe dich hinein. Wie ging es dir damals? Wie sah es an dem Ort aus, wo du in dir ruhen konntest? Versuch, möglichst viele »Wahrnehmungsatome« zu erkennen, die diesen Augenblick geprägt haben. Steig mit anderen Worten tief in diesen Tagtraum ein.

Und jetzt verändere vorsichtig die Feinheiten: Mach das innere Bild ein wenig heller, ein wenig farbiger, füge angenehme Klänge hinzu und mach sie ein wenig lauter oder leiser, höher oder tiefer ... Wann immer du spürst, dass dein Wohlbefinden spontan steigt, bist du auf einen wichtigen Baustein gestoßen, der dir den Weg zur Quelle deiner Kraft weist. Leg deine linke Handfläche sanft auf die Brustmitte, sobald du ein Gefühl der Gelassenheit, des Wohlbefindens und der Zufriedenheit in dir geweckt hast.

Löse die Hand wieder und geh nun gedanklich weiter zu einer anderen positiven, wohltuenden Situation, an die du dich erinnerst. Versuch wieder, das gute Gefühl in deiner Vorstellung möglichst stark werden zu lassen, indem du das Bild deiner Erinnerung größer und heller und die Details deiner damaligen Wahrnehmung noch freundlicher gestaltest; leg dann wieder deine linke Hand auf deine Brustmitte.

Führ das noch einige Male fort. Du gehst in deiner Vorstellung von einem guten Gefühl zum nächsten. Durch die Handbewegung verankerst du dieses Gefühl – dein Gehirn verbindet diese Geste mit dem Wohlbefinden.

Und nun das Wichtigste: Mit etwas Übung kannst du die Quelle deines Wohlbefindens und deiner Lebensenergie jederzeit im Alltag direkt anzapfen, allein durch die Bewegung und die Berührung rufst du die guten Gefühle in dir wach.

An der Quelle deiner Lebensenergie ruhst du in dir – hier kann dir nichts und niemand etwas anhaben, und es fällt dir leicht, loszulassen und den Zustand der Gelassenheit zu genießen.

Bao blieb noch lange am Fluss. Er verbrachte ganze Tage damit, sich an die schönen Dinge zu erinnern, die ihm widerfahren waren. Und während er übte, das Angenehme und Gute in sich wachsen zu lassen, entdeckte er die Quelle seiner Kraft, die ihn schützte und nährte.

Doch eines Tages raunte der Fluss, dass es nun Zeit für Bao sei, weiterzuziehen. »Bao, das Ende deiner Reise ist nah …«, rauschte das Wasser, und Bao nahm zum Abschied ein ausgiebiges Bad im kühlen Fluss. Dann verabschiedete er sich herzlich.

Doch bevor er weiterzog, schrieb er noch auf ein Blatt:

Baos Bambusblattbibliothek

Das Ganze zu sehen macht gelassen.

Das Vergangene zu wiederholen ist sinnlos. Verändere, was geändert werden muss, und heile, was verletzt wurde.

Gefühle sind keine Frage des Schicksals, sondern sie können gestaltet werden – jederzeit.

Alle guten Gefühle haben einen gemeinsamen Kern: An dieser Quelle wohnt auch die Gelassenheit.

Das Jetzt feiern

*B*ao war einige Tage lang flussaufwärts gewandert und dabei nicht nur der Quelle des Flusses, sondern auch seiner eigenen immer näher gekommen. Längst war er nicht mehr der junge, zornige, ängstliche und unruhige Bär. Obwohl – jung war er natürlich immer noch; doch seine Gefühle gingen nur noch sehr selten mit ihm durch. Nur wenn einmal in der Nähe ein Tiger brüllte, wurde er etwas ängstlich, und dann zitterte er, wenn auch nur ein kleines bisschen.

Bao meditierte gerade am Ufer des Flusses, als er plötzlich einen grünlichen Stein auf sich zuschwimmen sah. »Seit wann können Steine schwimmen?«, dachte Bao und wunderte sich sehr. Doch als er genauer hinsah, erkannte er ein runzeliges Gesicht, das lächelnd und gütig unter einem graugrünen Panzer hervorsah.

»Hallo, Panda, ich habe vom anderen Ufer aus gesehen, dass du hier so still und friedlich sitzt – und da dachte ich, es wäre sicher sehr nett, ein wenig mit dir zu plaudern. Mein Name ist Kurma.«

Du hast nun schon viel über das Geheimnis der Gelassenheit erfahren: Du weißt, dass dich das Loslassen von Urteilen und Meinungen freier macht; dass du gewinnst, wenn du nicht gegen Erwartungen und das, was nun einmal da ist, ankämpfst. Du hast erfahren, dass der Atem und das Lächeln eine ganz erstaunliche Macht haben, dass dir Geduld und Übung auf deinem Weg enorm weiterhelfen können und dass Freude und ein klarer Geist es dir ermöglichen, gelassener zu werden. Auch weißt du, dass Dankbarkeit dich deinen guten Gefühlen näher bringt, und du hast erfahren, wie du deine Vergangenheit heilen kannst. Und sicher hast du auch erkannt, dass Mitgefühl, und zwar nicht zuletzt auch mit dir selbst, ganz entscheidend ist, um inneren Frieden zu finden.

Es ist gut möglich, dass du der Gelassenheit, wie Bao sie sucht, inzwischen schon sehr viel näher gekommen bist.

Aber hast du das Geheimnis der Gelassenheit gefunden? Nein?

Gibt es womöglich überhaupt kein Geheimnis?

Kurma, die Schildkröte, war zu Bao ans Ufer gekrabbelt und hatte sich auf einem flachen Stein niedergelassen. Bao staunte immer noch über dieses merkwürdige Wesen, das aus einer längst vergangenen Zeit zu kommen schien.

»Hast du interessante Sachen über das Geheimnis der Gelassenheit gelernt, kleiner Panda?«, wollte Kurma wissen.

»Ich denke schon«, antwortete Bao. »Zum Beispiel habe ich gelernt, den Dingen ihren Lauf zu lassen, mich zu entspannen oder Wut und Angst loszulassen. Ich habe gelernt, tief zu atmen und zu lächeln. Und meine Meister haben mich auch gelehrt, einen klaren Geist zu bewahren, geduldig zu sein und Mitgefühl zu üben.«

Bao gab Kurma die Bambusblätter, auf denen er seine Einsichten zusammengefasst hatte.

Kurma las sich alles in Ruhe durch und lächelte: »Das sind in der Tat alles hervorragende Wege zur Gelassenheit. Und – hast du das Geheimnis der Gelassenheit denn nun gefunden?« Bao überlegte und schaute lange in den Fluss. *»Vielleicht liegt das Geheimnis ja darin, dass es gar kein Geheimnis gibt.«*

»Hmm«, nickte Kurma. »Das ist schon ganz gut. Und was jetzt?«

Bao zuckte mit den Schultern. »Tja, darüber muss ich wohl noch ein wenig nachdenken.«

Kurma sah Bao an und musste plötzlich lachen: »Ein wenig nachdenken? Ich glaube kaum, denn du hast es schon am Anfang deiner Reise aufgeschrieben! Dort hast du das Geheimnis der Gelassenheit bereits erkannt – und doch nicht erkannt. Denn der Weg besteht nicht darin zu wissen, sondern zu sein.«

Also – gibt es denn jetzt ein »Geheimnis der Gelassenheit« oder nicht? Ja, es gibt eins. Und es ist sehr einfach und naheliegend: Sei ganz und gar im Jetzt!

Findest du es unverschämt, dass wir das erst am Ende dieses Buches verraten? Vermutlich nicht – denn bestimmt hast du schon längst gelernt, dich über solche Dinge nicht mehr aufzuregen. Und zudem wäre es auch ganz unnötig, denn es hat einen guten Grund, dass wir erst hier auf die überwältigende Kraft des Jetzt zu sprechen kommen.

Seit die Hippiebewegung vor rund fünfzig Jahren von Kalifornien aus ihren weltweiten Siegeszug antrat, gilt die Philosophie des »Hier und Jetzt« als die ultimative Verheißung, wenn es um Glück oder Erleuchtung geht. Ein Wunder ist das nicht, denn die Lösung all unserer Probleme und Nöte bestünde in der Tat darin, dieses geheimnisvolle »Hier und Jetzt« zu erfassen und es Tag für Tag zu leben. Doch genau hier kommt er, der Pferdefuß: Ganz im Hier und Jetzt zu sein ist für die meisten von uns unmöglich. Zwar ist es an sich nicht schwer, in das Jetzt einzutauchen, doch auch nur länger als zehn Sekunden in diesem Zustand zu bleiben braucht für gewöhnlich viel Übung. Die Konzentration auf das Jetzt kann daher nur für die wenigsten der erste Schritt zur Gelassenheit sein, denn ohne eine stabile Grundgelassenheit ist das Wunder des Jetzt für die meisten von uns un(be)greifbar.

Alle Schritte, die du in den unterschiedlichen Kapiteln kennengelernt hast, sind und bleiben daher wichtig. Diese unterschiedlichen Perspektiven helfen dir konkret dabei, gelassener zu werden und zu dir selbst zu finden. Das Jetzt ist nur der Punkt, wo alles zusammenfließt – es ist die Ernte, die am Ende und nicht am Anfang steht.

Was bedeutet es nun, »im Jetzt zu sein«? Es bedeutet, dass wir den Unterschied zwischen der wirklichen Welt und der Welt in unserem Kopf erkennen und uns immer wieder aufs Neue für erstere entscheiden.

Die »Methode«, die dir dabei hilft, im Jetzt zu leben, ist die Achtsamkeit. Je weniger du denkst und analysierst und je reiner deine Wahrnehmung ist, desto leichter und gelassener wirst du. Damit kein Missverständnis entsteht: Natürlich ist es manchmal sehr sinnvoll, zu denken und zu analysieren – wenn du Mathematiker oder Kaufmann bist, können diese Fähigkeiten ganz entscheidend sein. Doch wenn du im Park spazieren gehst, mit einem Freund zu Abend isst, unter der Dusche stehst oder mit dem Auto übers Land fährst, ist es meist sehr viel weiser, weniger zu denken und mehr zu spüren, zu sehen, zu hören oder dich einfach zu entspannen.

Im Hier und Jetzt kannst du nur sein, wenn du die Dinge sehr einfach sein lässt und sie nicht unnötig kompliziert machst:

* Du bist im Jetzt, wenn du hörst, dass Autos an deinem Zimmer vorbeifahren, und den Klang wahrnimmst.

* Du bist nicht mehr im Jetzt, wenn du darüber nachdenkst, dass es auf der Welt zu viele Autos gibt, die Luftverschmutzung ein Riesenproblem ist oder dass Kleinautos viel sparsamer sind und steuerlich begünstigt werden sollten.

* Du bist im Jetzt, wenn du einen Schmerz im Nacken spürst und wahrnimmst, ob dieser Schmerz pochend oder ziehend ist.

* Du bist nicht mehr im Jetzt, wenn du darüber nachdenkst, dass die Krebserkrankung einer Bekannten mit den gleichen Symptomen angefangen hat oder dass du mehr Sport machen solltest.

* Du bist im Jetzt, wenn du achtsam wahrnimmst, dass eine Erinnerung vom letzten Urlaub als Bild in deinem Geist auftaucht.

* Du bist nicht mehr im Jetzt, wenn du darüber

nachdenkst, wie teuer die Liegestühle waren, dass viel zu viele Leute am Strand waren oder dass du dieses Jahr nicht mehr in den Süden, sondern nach Holland fahren wirst.

* Du bist im Jetzt, wenn du spürst, dass Wut in dir aufsteigt und beobachtest, dass dein Atem dadurch schneller wird.

* Du bist nicht mehr im Jetzt, wenn du dir vorstellst, was du deiner unverschämten Kollegin nächstes Mal an den Kopf werfen wirst, und dass du sie ja noch nie leiden konntest, weil ...

Vielleicht sollten Kleinautos steuerlich begünstigt werden, vielleicht ist es nicht schön, wenn zu viele Leute am Strand sind, und vielleicht ist es ganz berechtigt, wenn du wütend auf deine Kollegin bist, aber weißt du was? Darum geht es jetzt nicht.

Die Kunst, gelassen im Jetzt zu ruhen, besteht darin, deinem Denken nicht ständig neues Futter zu geben. Statt Ereignisse zu interpretieren, zu verurteilen oder gutzuheißen, statt zu grübeln und fieberhaft nach Lösungen für Probleme zu suchen, ist das »Hier-und-Jetzt-Bewusstsein« ganz davon erfüllt, einfach nur den lebendigen Augenblick wahrzunehmen. Wir müssen nichts »hinzufügen«.

Buddha sagte: »Im Gesehenen solltest du ganz beim Gesehenen verweilen. Im Gehörten halte dich nur an das Gehörte. Im Gefühlten bleibe beim Gefühlten ...«

In der reinen Wahrnehmung der Phänomene zu bleiben, ohne ständig »seinen Senf dazuzugeben«, ist nicht leicht. Schließlich leben wir nicht im Kloster, sondern führen ein ganz normales Leben. Wir haben Freunde, Familie, vielleicht Kinder und Partner, tägliche Bedürfnisse und Sorgen, Erinnerungen an unschöne Erlebnisse, einen Job, der uns Kraft und Zeit kostet, haben Pläne und Wünsche für die Zukunft.

Und doch – die Kraft des Augenblicks ist so bereichernd und verwandelnd, dass es genügt, auch nur wenige Minuten am Tag im Jetzt zu sein. Stress und Anspannungen lösen sich dadurch schneller auf als durch jeden Wellnessurlaub. Leicht ist es zwar nicht, das Jetzt zu berühren, aber so schwer ist es auch wieder nicht, denn der Weg dorthin ist längst bekannt und gut erprobt: Es ist der Weg des Übens beziehungsweise der Weg der Praxis. So wie der stete Tropfen den Stein höhlt, so werden die stetigen Tropfen beständiger Übung deine Fesseln sprengen und dich befreien.

Und um ein letztes Mal Buddha zu zitieren: »So wie der Bauer beständig Wasser auf sein Land leitet, so wie der Pfeilebauer seine Pfeile schnitzt, so wie der Tischler geduldig sein Holz dreht, genauso zügelt der Weise seinen Geist ohne Unterlass.«

Die Schildkröten-Meditation

Der Pali-Begriff »Vipassana« bedeutet so viel wie »Einsicht«, weshalb die folgende Meditation auch als »Einsichtsmeditation« oder »Klarblicksmeditation« bezeichnet wird. Sie steht nicht nur im Mittelpunkt vieler traditioneller buddhistischer Meditationspraktiken, sondern auch der daraus entwickelten modernen Achtsamkeitsmeditation. Letztere hat sich in zahlreichen Studien als äußerst hilfreich bei seelischen Problemen und innerer Unruhe, aber auch bei Übergewicht und Suchterkrankungen erwiesen.

Vielleicht ist das Wort »Einsichtsmeditation« ein wenig irreführend, denn es geht überhaupt nicht um logisches Verstehen, also nicht darum, etwas mit dem Verstand einzusehen. Nein, die Einsicht, um die es hier geht, ist keine Kopfsache. Es geht um eine Einsicht, die dir hilft, Illusionen intuitiv zu durchschauen – Illusionen, die dich davon abhalten, die Wirklichkeit unmittelbar zu erkennen und inneren Frieden zu finden.

Die Meditation selbst ist schnell beschrieben. Sie kommt dir wahrscheinlich aus früheren Abschnitten schon bekannt vor. Es geht dabei einfach um das Gewahrsein im Hier und Jetzt. Du sitzt bequem und aufrecht da – du könntest auch im Liegen, Stehen oder Gehen meditieren, aber im Sitzen gelingt es besser.

Halt die Augen sanft geschlossen, und nimm einfach nur achtsam war, was kommt. Verfolg keine Gedanken, keine Gefühle, keine Absichten. Bewerte nichts, urteile nicht, lass einfach alles kommen und gehen und beobachte. Eine halbe Stunde lang.

Die Frage, die du dir dabei immer wieder stellen kannst, lautet: »Was ist jetzt?«

Was kannst du von Augenblick zu Augenblick wahrnehmen? Welche Klänge hörst du? Auch wenn du innerlich Selbstgespräche führst, ist das »Hören«. Und wenn innere Bilder auftauchen, ist das »Sehen«. Welche Körperempfindungen kannst du wahrnehmen? Welche Emotionen?

Das ist schon alles. Doch es ist mehr, als es scheint. Es ist leichter gesagt als getan, Gedanken und Gefühle nicht festzuhalten, absichtslos zu bleiben und nichts zu bewerten. Das ist nicht einfach – doch es ist eben auch nicht wirklich schwer: Es ist Übung. Nichts als Übung. Übung ist alles.

Damit dir das Üben leichtfällt, solltest du die Meditation vor allem anfangs vereinfachen. Versuch nicht gleich, die ganze Welt achtsam zu betrachten, sondern beschränke dich immer nur auf einen kleinen Teil der Welt: So kannst du einmal meditieren, indem du nur deinen Atem beobachtest oder nur auf die Klänge im Raum achtest. Ein andermal kannst du deine Achtsamkeit ganz auf deinen Körper richten – auf die Körperhaltung und die Empfindungen im Körper wie Wärme, Kälte, Jucken oder Kribbeln. Oder du meditierst über deine Gedanken oder Gefühle und beobachtest, wie sie kommen und gehen. Wichtig ist jedoch, dass du immer nur ein Objekt deiner Wahrnehmung auswählst – nicht zwei, nicht drei, sondern eins.

Sobald dir das leichtfällt, kannst du deine Achtsamkeit allmählich immer weiter auf mehrere Wahrnehmungen ausdehnen.

Mit etwas Übung wird es dir immer leichter fallen, in den gegenwärtigen Augenblick einzutauchen. Und mit jedem Mal gewinnst du ein Stück Gelassenheit. Damit du an den Ort gelangst, wo vollkommener innerer Friede herrscht, musst du gar nicht weit reisen: Du musst nur in dein Inneres gehen und ganz in diesem Augenblick leben.

Bao war voller Freude. Er hatte verstanden: Das eigentliche Geheimnis der Gelassenheit war, dass er den weiten Weg hatte gehen müssen, um das zu entdecken, was jederzeit näher gewesen war als seine Nase.

Kurma, die Schildkröte, lächelte ihn an: »Nun, mein Lieber, ich sehe, du hast es erkannt. Doch nun, wo du glaubst, ganz gelassen zu sein, will ich dir noch etwas zeigen, das dir die Gelassenheit wohl kurz wieder rauben wird.«

Bao sah Kurma durchdringend an. »Ich glaube nicht, dass ich das sehen will. Aber selbst wenn du es mir zeigst, denke ich nicht, dass ich meine Gelassenheit dadurch wieder verlieren werde.«

Kurma zwinkerte Bao verschmitzt an. »Warten wir es ab. Komm, folge mir. Es ist nicht weit.«

Tatsächlich war der Weg nur sehr kurz. Und dann verlor Bao, wenn auch nur einen Augenblick lang, die Fassung. Aber darüber war er gar nicht unglücklich, denn vor ihm lag ein blühendes Tal, in dem sich zahlreiche Pandas tummelten, die ihm sehr bekannt vorkamen …

Ruhig, lächelnd und heiter umarmte Bao seine Eltern, seine Tanten und Onkel und die vielen Cousins und Cousinen. Und jeder umarmte ihn lange und fest, denn sie freuten sich, dass Bao, den sie als tot betrauert hatten, zurückgekehrt war. Doch ebenso waren sie angenehm überrascht, dass er nun ein anderer Bao zu sein schien. Der ein oder andere versuchte, Bao mit seinem alten Spitznamen aufzuziehen, doch Bao wurde weder wütend noch traurig noch unruhig, sondern lachte mit den anderen über sein armes, früheres Selbst und schickte ihm sein ganzes Mitgefühl.

Am Abend sollte ein großes Fest im Bambushain gefeiert werden. Bevor Bao sich der Feier anschloss, zerdrückte er noch ein letztes Mal einige Beeren und schrieb auf ein Blatt:

Baos Bambusblattbibliothek

*Das Geheimnis der Gelassenheit
liegt in diesem Augenblick.*

Die Kraft entfalten, die von innen kommt

Ruhe und Gelassenheit, Weisheit und Stärke: Dank dieser Tugenden lässt sich die Schildkröte Kurma durch nichts aus der Ruhe bringen. In unserer schnelllebigen Welt können auch wir Menschen von Kurmas Geheimnissen profitieren – um innere Ruhe und Harmonie zu finden und mit klarem Geist alle Anforderungen des Alltags zu meistern.

978-3-453-70148-9

Leseprobe unter **www.heyne.de**